互联网金融竞争力研究

——争鸣、辨析与政策选择

A Study on Competiveness of Internet Finance
—Thoughts, Analysis and Policy Options

李继尊 著

经济管理出版社
ECONOMY & MANAGEMENT PUBLISHING HOUSE

图书在版编目（CIP）数据

互联网金融竞争力研究——争鸣、辨析与政策选择/李继尊著 . —北京：经济管理出版社，2015.12

ISBN 978 - 7 - 5096 - 4021 - 0

Ⅰ.①互… Ⅱ.①李… Ⅲ.①互联网络—应用—金融—研究 Ⅳ.①F830.49

中国版本图书馆 CIP 数据核字（2015）第 255974 号

组稿编辑：宋 娜
责任编辑：杨国强
责任印制：司东翔
责任校对：车立佳

出版发行：经济管理出版社
　　　　　（北京市海淀区北蜂窝 8 号中雅大厦 A 座 11 层　100038）
网　　　址：www. E - mp. com. cn
电　　　话：(010) 51915602
印　　　刷：三河市延风印装有限公司
经　　　销：新华书店
开　　本：720mm×1000mm/16
印　　张：13. 5
字　　数：222 千字
版　　次：2015 年 12 月第 1 版　2015 年 12 月第 1 次印刷
书　　号：ISBN 978 - 7 - 5096 - 4021 - 0
定　　价：88. 00 元

第四批《中国社会科学博士后文库》编委会及编辑部成员名单

（一）编委会

主　任：张　江

副主任：马　援　张冠梓　俞家栋　夏文峰

秘书长：张国春　邱春雷　刘连军

成　员（按姓氏笔画排序）：

卜宪群　方　勇　王　巍　王利明　王国刚　王建朗　邓纯东

史　丹　刘　伟　刘丹青　孙壮志　朱光磊　吴白乙　吴振武

张车伟　张世贤　张宇燕　张伯里　张星星　张顺洪　李　平

李　林　李　薇　李永全　李汉林　李向阳　李国强　杨　光

杨　忠　陆建德　陈众议　陈泽宪　陈春声　卓新平　房　宁

罗卫东　郑秉文　赵天晓　赵剑英　高培勇　曹卫东　曹宏举

黄　平　朝戈金　谢地坤　谢红星　谢寿光　谢维和　裴长洪

潘家华　冀祥德　魏后凯

（二）编辑部（按姓氏笔画排序）：

主　任：张国春（兼）

副主任：刘丹华　曲建君　李晓琳　陈　颖　薛万里

成　员（按姓氏笔画排序）：

王　芳　王　琪　刘　杰　孙大伟　宋　娜　苑淑娅　姚冬梅

郝　丽　梅　枚　章　瑾

序　言

2015 年是我国实施博士后制度 30 周年，也是我国哲学社会科学领域实施博士后制度的第 23 个年头。

30 年来，在党中央国务院的正确领导下，我国博士后事业在探索中不断开拓前进，取得了非常显著的工作成绩。博士后制度的实施，培养出了一大批精力充沛、思维活跃、问题意识敏锐、学术功底扎实的高层次人才。目前，博士后群体已成为国家创新型人才中的一支骨干力量，为经济社会发展和科学技术进步作出了独特贡献。在哲学社会科学领域实施博士后制度，已成为培养各学科领域高端后备人才的重要途径，对于加强哲学社会科学人才队伍建设、繁荣发展哲学社会科学事业发挥了重要作用。20 多年来，一批又一批博士后成为我国哲学社会科学研究和教学单位的骨干人才和领军人物。

中国社会科学院作为党中央直接领导的国家哲学社会科学研究机构，在社会科学博士后工作方面承担着特殊责任，理应走在全国前列。为充分展示我国哲学社会科学领域博士后工作成果，推动中国博士后事业进一步繁荣发展，中国社会科学院和全国博士后管理委员会在 2012 年推出了《中国社会科学博士后文库》（以下简称《文库》），迄今已出版四批共 151 部博士后优秀著作。为支持《文库》的出版，中国社会科学院已累计投入资金 820 余万元，人力资源和社会保障部与中国博士后科学基金会累计投入 160 万元。实践证明，《文库》已成为集中、系统、全面反映我国哲学社会科学博士后优秀成果的高端学术平台，为调动哲学社会科学博士后的积极性和创造力、扩大哲学社会科学博士后的学术影响力和社会影响力发挥了重要作用。中国社会科学院和全国博士后管理委员会将共同努力，继续编辑出版好《文库》，进一步提高《文库》的学术水准和社会效益，使之成为学术出版界的知名品牌。

哲学社会科学是人类知识体系中不可或缺的重要组成部分，是人们认识世界、改造世界的重要工具，是推动历史发展和社会进步的重要力量。建设中国特色社会主义的伟大事业，离不开以马克思主义为指导的哲学社会科学的繁荣发展。而哲学社会科学的繁荣发展关键在人，在人才，在一批又一批具有深厚知识基础和较强创新能力的高层次人才。广大哲学社会科学博士后要充分认识到自身所肩负的责任和使命，通过自己扎扎实实的创造性工作，努力成为国家创新型人才中名副其实的一支骨干力量。为此，必须做到：

第一，始终坚持正确的政治方向和学术导向。马克思主义是科学的世界观和方法论，是当代中国的主流意识形态，是我们立党立国的根本指导思想，也是我国哲学社会科学的灵魂所在。哲学社会科学博士后要自觉担负起巩固和发展马克思主义指导地位的神圣使命，把马克思主义的立场、观点、方法贯穿到具体的研究工作中，用发展着的马克思主义指导哲学社会科学。要认真学习马克思主义基本原理、中国特色社会主义理论体系和习近平总书记系列重要讲话精神，在思想上、政治上、行动上与党中央保持高度一致。在涉及党的基本理论、基本路线和重大原则、重要方针政策问题上，要立场坚定、观点鲜明、态度坚决，积极传播正面声音，正确引领社会思潮。

第二，始终坚持站在党和人民立场上做学问。为什么人的问题，是马克思主义唯物史观的核心问题，是哲学社会科学研究的根本性、方向性、原则性问题。解决哲学社会科学为什么人的问题，说到底就是要解决哲学社会科学工作者为什么人从事学术研究的问题。哲学社会科学博士后要牢固树立人民至上的价值观、人民是真正英雄的历史观，始终把人民的根本利益放在首位，把拿出让党和人民满意的科研成果放在首位，坚持为人民做学问，做实学问、做好学问、做真学问，为人民拿笔杆子，为人民鼓与呼，为人民谋利益，切实发挥好党和人民事业的思想库作用。这是我国哲学社会科学工作者，包括广大哲学社会科学博士后的神圣职责，也是实现哲学社会科学价值的必然途径。

第三，始终坚持以党和国家关注的重大理论和现实问题为科研主攻方向。哲学社会科学只有在对时代问题、重大理论和现实问题的深入分析和探索中才能不断向前发展。哲学社会科学博士后要根据时代和实践发展要求，运用马克思主义这个望远镜和显微镜，增强辩证思维、创新思维能力，善于发现问题、分析问题，积极推动解决问题。要深入研究党和国家面临的一系列亟待回答和解决的重大理论和现实问题，经济社会发展中的全局性、前瞻性、战略性问题，干部群众普遍关注的热点、焦点、难点问题，以高质量的科学研究成果，更好地为党和国家的决策服务，为全面建成小康社会服务，为实现"两个一百年"奋斗目标和中华民族伟大复兴中国梦服务。

第四，始终坚持弘扬理论联系实际的优良学风。实践是理论研究的不竭源泉，是检验真理和价值的唯一标准。离开了实践，理论研究就成为无源之水、无本之木。哲学社会科学研究只有同经济社会发展的要求、丰富多彩的生活和人民群众的实践紧密结合起来，才能具有强大的生命力，才能实现自身的社会价值。哲学社会科学博士后要大力弘扬理论联系实际的优良学风，立足当代、立足国情，深入基层、深入群众，坚持从人民群众的生产和生活中，从人民群众建设中国特色社会主义的伟大实践中，汲取智慧和营养，把是否符合、是否有利于人民群众根本利益作为衡量和检验哲学社会科学研究工作的第一标准。要经常用人民群众这面镜子照照自己，匡正自己的人生追求和价值选择，校验自己的责任态度，衡量自己的职业精神。

第五，始终坚持推动理论体系和话语体系创新。党的十八届五中全会明确提出不断推进理论创新、制度创新、科技创新、文化创新等各方面创新的艰巨任务。必须充分认识到，推进理论创新、文化创新，哲学社会科学责无旁贷；推进制度创新、科技创新等各方面的创新，同样需要哲学社会科学提供有效的智力支撑。哲学社会科学博士后要努力推动学科体系、学术观点、科研方法创新，为构建中国特色、中国风格、中国气派的哲学社会科学创新体系作出贡献。要积极投身到党和国家创新洪流中去，深入开展探索性创新研究，不断向未知领域进军，勇攀学术高峰。要大力推进学术话语体系创新，力求厚积薄发、深入浅出、语言朴实、文风清新，力戒言之无物、故作高深、食洋不化、食古不化，不断增强我国学术话语体系的说服力、感染力、影响力。

"长风破浪会有时，直挂云帆济沧海。"当前，世界正处于前所未有的激烈变动之中，我国即将进入全面建成小康社会的决胜阶段。这既为哲学社会科学的繁荣发展提供了广阔空间，也为哲学社会科学界提供了大有作为的重要舞台。衷心希望广大哲学社会科学博士后能够自觉把自己的研究工作与党和人民的事业紧密联系在一起，把个人的前途命运与党和国家的前途命运紧密联系在一起，与时代共奋进、与国家共荣辱、与人民共呼吸，努力成为忠诚服务于党和人民事业、值得党和人民信赖的学问家。

是为序。

张江

中国社会科学院副院长
中国社会科学院博士后管理委员会主任
2015 年 12 月 1 日

摘　要

　　互联网金融在中国异军突起已是不争的事实。"一石激起千层浪"，市场本身的起落与创业的传奇无不吸引着人们的眼球，认同、追捧、欢呼者有之，质疑、指责、嘲讽者也有之。针对互联网金融的争鸣和交锋如影随形，此起彼伏。

　　透过现象看本质，互联网金融这一新生事物究竟何去何从？该采取什么样的政策？开展互联网金融竞争力研究，旨在试图对此做出回答。本书坚持问题导向，多维比较分析，抓住主要矛盾和矛盾的主要方面，力求抽丝剥茧，释疑解惑，提出因应之策。

　　第一，互联网金融的竞争优势在于服务便捷、匹配精准、成本低廉，缓解信息不对称的功能越来越强大。互联网金融凭借技术手段突破了营业时间、现场办理等时空限制，省去了层层审批等中间环节，免除了担保抵押，资金配置效率明显提高，金融服务成本大大降低。互联网和金融都有助于缓解信息不对称，互联网金融作为两者融合的产物，无疑是缓解信息不对称的一把"钥匙"。伴随着金融改革的推进和监管的完善，互联网金融"钻政策空子"的余地越来越小，而互联网技术创新步伐依然很快，应用越来越广泛，互联网金融的发展潜力会不断释放。那些基于互联网技术和实际交易需求的金融创新前景看好。

　　第二，互联网金融具有"草根"性，能够填补传统金融服务的一些空白，使普惠金融成为可能。这不仅体现在投资主体上，更体现在业务模式上。一是基于长尾市场，更加贴近用户需求，拓宽小额、零散、个性化投融资服务的渠道，改善小微企业特别是初创企业融资服务。二是规模效应突出，能够依托庞大的互联网用户群体以及社交网络的口口相传，迅速打开市场。三是注重用户体验，产品界面直观，操作简便，时延短，成功率高。四是后向收费，一些互联网金融服务并非从每笔业务中获利，而是通过免费服务积累用户资源，赚取广告费和增值服务费。总的看，互联网金融能够办成传统金融办不了的一些事，对传统金融具有补充作用。

第三，互联网金融是一把"双刃剑"，火爆的背后也有风险和隐忧。互联网和金融这两个行业风险都比较高，两者相融合可能会形成风险叠加效应。互联网金融高度依赖数据挖掘和利用，如何解决数据开放共享与个人信息保护的冲突，是一个"两难"的选择。互联网金融普遍混业、跨地区甚至跨境经营，如何在分业监管体制下有效监管是一道难题。如同互联网赢者通吃、强者恒强一样，互联网金融也出现垄断的端倪。互联网金融平台本身具有媒体属性，可能会对金融风险产生放大效应。这就需要因势利导，趋利避害，促进互联网金融健康发展。

第四，"好马也须缰绳牵"，将互联网金融纳入监管势在必行。从美国、英国、德国、法国、日本等国家互联网金融的发展历程看，对互联网金融监管的态度由开始的不监管或少监管，到逐步纳入监管。虽然这些国家的做法各有特色，监管尺度也有区别，但都没有放任自流。从我国实际出发，互联网金融监管应把握好两点：一要宽容，尊重市场选择，鼓励探索创新；二要规范，纳入金融监管，守住不发生区域性系统性金融风险的底线。正如麦子和稗子在抽穗前难以分辨一样，现阶段互联网金融监管措施宜粗不宜细。建议区别对待、分类监管，完善法律、划出红线，明确责任、加强协调，培育中介、强化自律。

第五，探索互联网金融发展规律，科学指导。互联网正在深刻改变经济社会生活的各个方面，研究互联网金融必须有互联网思维。数据是互联网金融的核心资源，应探索设立各种形式的数据交易平台，建立数据确权、保护、估值、定价等制度，运用市场手段促进数据流动、共享和开发利用。互联网金融的业务流程毕竟在网上，充分运用互联网这个平台，有助于整合监管力量，推进监管创新。同时，应因地制宜发展互联网金融，防止乱铺摊子，加强基础工作，重视技术研发和人才培养。

　　展望未来，信息技术革新突飞猛进，多样化的金融需求不断爆发，互联网金融大有可为，有望迎来群星璀璨的明天。

　　关键词：互联网金融；竞争力；信息不对称；金融创新；金融监管

Abstract

The rise of internet finance in China is an undeniable fact. As an old Chinese saying goes "A stone triggers thousands layers of waves", ups and downs of the market as well as the entrepreneurial legends themselves have caught people's attention. There are people who endorse, praise and applaud internet finance but at the same time, there are also people who question, blame or even sneer at it. Debates and conflicting views on internet finance never stop.

We have to look beyond the surface. As something new, where should internet finance go in the future? What kind of policies should we adopt? These are the questions this research on internet finance competitiveness is trying to answer.

This book follows a problem – driven approach, using multidimensional analysis and comparison, making efforts to seize the principal issues and major aspects of issues, unraveling and unfolding the problems in order to identify the underlying causes and solutions.

First, the main competitive advantages of internet finance include convenient service, accurate matching of buyers with sellers and low cost. Its core competitiveness lies in its growing capacity to reduce information asymmetry. Taking advantage of technical innovation, internet finance breaks free from such limitations as business hours, on-site handling, administrative approvals and guarantee mortgage, thus improving capital allocation efficiency and reducing the cost of financial services. Both the internet and finance are capable of alleviating information asymmetry, and therefore, as the combination of the two, internet finance is undoubtedly a key to addressing information asymmetry. With the advancement of financial reform and the improvement of financial regulation, the room for arbitrage will be further reduced. Meanwhile, with the rapid technological innovation and its growing application, there is a lot of potential to be tapped for internet finance to alleviate information asymmetry. Finance innovation based on internet technology and actual transactional demands thus will enjoy a bright prospect.

Second, internet finance has some "grassroots" characteristics. It fills up some of the blank areas of traditional financial services and makes inclusive finance a reality. The "grassroots" nature is not only visible in the main body of investments, but is also embodied in the mode of services. Firstly, internet financial activities are based on the long tail market. They come closer to meeting customers demand by expanding the investment or funding channels of small, scattered and personalized services and providing better services to micro and small companies, especially the start – up firms. Secondly, it enjoys economy of scale. By relying on the enormous amount of internet users and the rapidly spreading comments via the social networks, rapid market expansion has become possible. Thirdly, user experience is valued. Internet financial products boast of a higher rate of success and often have friendly interfaces. They are easy and quick to operate with almost no time lags. Fourthly, instead of charging a fee on each transaction, they make money from advertisement and value – added services collecting customer resources from providing free transactions in the first place. In general, internet finance can do things that would be otherwise unachievable under traditional finance and serves as a compliment to the traditional financial industries.

Third, internet finance is a "double – edged sword". Behind the boom of internet financial activities, there are also risks and perils. As the combination of two high – risk industries, namely, the internet industry and financial industry, internet finance adds to the probability of risks. Internet finance is heavily dependent on the exploitation and utilization of digital information. It is difficult to strike the right balance between the need to protect private information and the need to share data. Internet finance includes diverse industries. It can be intra – regional even international. Therefore, how to supervise effectively under the separate supervision structure is another challenge. As is the case with the internet industry, winners take all and keep getting stronger. The market of internet finance also has a tendency towards monopolization. The possible amplification of financial risks is due to the fact that the platform of internet finance shares some similar properties with media industries. We thus need to tap into the advantages and avoid the disadvantages of internet finance to promote its healthy development.

Fourth, "a good horse also needs a good bridle", the regulation of internet finance must been enforced. From the development histories of American, British, German, French and Japanese internet finance systems, the attitudes of supervision was changing gradually from no-regulation at all to supervision on the right track. Although the solutions and regulations vary in different countries, no one has adopted a totally "laisser – faire approach". Speaking of the situation in China, the basic idea of internet finance regulation is to use inclusive approach and respect the market's choices as well as encouraging technology exploitation and innovation on the one hand. On the other hand, the market needs regulation and the bottom line of no regional systemic financial risks needs to be kept. The distinguishing of wheat and barnyard grass could be difficult before the earring of the grains. This example tells us that it is better to be vague rather than detailed for supervision and management of internet finance at this early stage. Therefore, various internet finance products should be treated differently, with differentiated management, improved regulations, clear responsibilities, better cooperation, developing intermediaries and strengthened self – discipline.

Fifth, we need to learn to understand the laws governing internet finance development. It is important for the authority to strengthen the ability of scientific guidance. The internet is profoundly changing every aspect of our economy and society. When study internet finance, one must bear in mind the internet. As digital information being at the core of internet finance, we should construct a variety of digital trading platforms, setting up regulations of pricing, using market methods to foster the movement and utilization of digital information. The whole process of internet finance service is done online, therefore we can take advantages of the internet to help with the supervision and boost regulation innovation and integration. To promote the development of internet finance, we should also strengthen the foundational work by paying more attention to technology research and talents training.

Looking forward to the future, with the fast advancement of information communication technology and the fast growing demand of all sorts of financial needs, the future of internet finance is bound to be a bright one.

Key Words: Internet Finance; Competitiveness; Information Asymmetry; Financial Innovation; Financial Regulation

目　录

Contents

第一章 引 言

中国正在兴起互联网金融的热潮。"一石激起千层浪",市场本身的起落与创业的传奇无不吸引着人们的眼球,认同、追捧、欢呼者有之,质疑、指责、嘲讽者也有之,众说纷纭。如何拨开迷雾,探究成因,把握大势,准确认识互联网金融这一新生事物,并有的放矢促进其健康发展,尤为重要。

第一节 研究背景

作为互联网与金融不断融合的产物,我国互联网金融经历了孕育、积累和发展的过程。其中,有两个重要的节点:一是 2005 年。在此之前,我国并没有真正意义上的互联网金融业态,互联网只是作为辅助的技术手段,帮助金融机构"把业务搬到网上"。从 2005 年开始,我国网络借贷开始萌芽,第三方支付机构逐渐成长起来,互联网与金融进入逐步融合的阶段。二是 2012 年。这一年,第一篇系统讨论互联网金融的文献《互联网金融模式研究》发表,第一家专业网络银行开始申请,第一家专业网络保险公司获批,P2P 借贷平台进入快速发展期,众筹融资起步。从这时起,不到两年时间,互联网金融就由概念进入政府决策。2013 年 6 月,《中国人民银行2012 年报》提出:"关注互联网金融和手机银行发展动态,分析其对金融运行产生的影响及潜在风险。"2013 年 8 月,《国务院关于促进信息消费扩大内需的若干意见》提出:"推动互联网金融创新,规范互联网金融服务。"2014 年 3 月,十二届全国人大二次会议《政府工作报告》提出:"促进互联网金融健康发展。"2015 年 3 月，十二届全国人大三次会议《政府工作报告》使用"互联网金融异军突起"这一表述，强调要"促进电子商务、工业互联网和互联网金融健康发展"。2015 年 7 月，中国人民银行等十部委发布《关于促进互联网金融健康发展的指导意见》。回顾互联网金融的发展历程，我们会不由自主地提出互联网金融究竟竞争力何在、未来何去何从的疑问。研究这个问题，主要出于两方面考虑。

一、互联网金融发展势头迅猛

与美国等发达国家相比，我国无论在互联网技术还是金融方面都是"学生"，各类互联网金融业务起步也比较晚，但近两年后来居上，呈星火燎原之势（见图 1 - 1）。

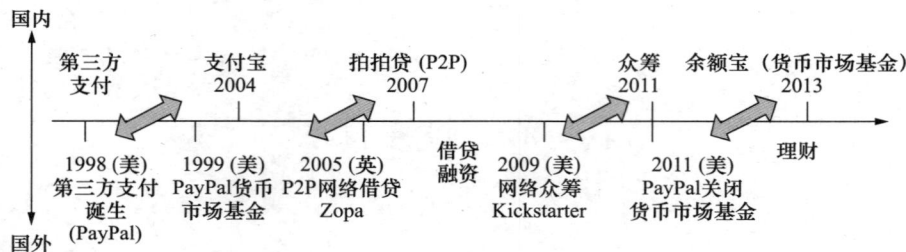

图 1 - 1　国内外互联网金融业务起步时间比较

资料来源：艾瑞咨询（iResearch）。

一是互联网支付业务高速增长。目前，全国第三方支付机构 269 家，其中提供互联网支付业务的机构 117 家，服务的领域由最初的网络购物扩展到缴纳水电气通信费、公益捐赠、电子红包、打车、足球彩票等。2013 年，支付宝交易额超过 PayPal 成为全球最大的移动支付机构。根据中国人民银行发布的数据，2014 年互联网支付 374 亿笔，交易规模达 24.7 万亿元，分别增长 93.4% 和 1.4 倍，2015 年上半年接近上年全年水平。互联网支付的突出特点是小额、高频，以 2014 年为例，虽然交易额仅占支付总额的

0.87%，交易笔数却占总数的64.79%。移动支付①、声波支付②、二维码支付③、指纹支付④、虹膜支付⑤、数字电视和智能手机近场支付⑥等业务创新层出不穷。

二是互联网理财业务飞速发展。2013年6月13日，阿里巴巴推出余额宝。随后，百度、网易、苏宁、腾讯相继推出基金类互联网理财产品。这些产品异常火爆，风靡全国，搅动了整个金融市场，推出一年就占到货

---

① 移动支付（Mobile Payment），也称手机支付，是指交易双方为了某种货物或者服务，以移动终端设备为载体，通过移动通信网络实现的商业交易。移动支付所使用的移动终端包括手机、PDA、移动PC等。主要特征：一是移动性，消除了距离和地域的限制，可以随时随地获取所需要的服务、应用、信息和娱乐。二是及时性，不受时间地点的限制，用户可随时对账户进行查询、转账或进行购物消费。三是定制化，基于先进的移动通信技术和简易的手机操作界面，用户可定制自己的消费方式和个性化服务，账户交易更加简单方便。四是集成性，以手机为载体，通过与终端读写器近距离识别进行的信息交互，运营商可以将移动通信卡、公交卡、地铁卡、银行卡等各类信息进行集成管理。

② 声波支付，是指利用声波的传输，完成两个设备的近场识别，从而完成两个设备间的支付交易技术。

③ 二维码支付，是一种基于账户体系设计的新一代无线支付方案。在该支付方案下，商家可把账号、商品价格等交易信息汇编成一个二维码，并印刷在各种报纸、杂志、广告、图书等载体上发布。用户通过手机客户端扫拍二维码，便可实现与商家支付宝账户的支付结算。商家根据支付交易信息中的用户收货、联系资料，进行商品配送，完成交易。主要特点：一是使用简单。使用者安装二维码识别软件后，在贴有二维码的地方简单刷一下就可以完成交易。二是支付便捷。商家不必承受货到付款等高成本支付，消费者也可以随时随地进行实时支付。三是成本较低。尽管二维码支付概念由来已久，但由于涉及完整产业链的构建、硬件改造等问题，国内二维码支付应用有限，只停留在打折、比价等信息应用层面，无法深入打通资金链完成结算，抑制了二维码的应用。在日韩等二维码支付比较成熟的国家，二维码的应用普及率达到96%以上。

④ 指纹支付也称指纹消费，是采用目前已成熟的指纹系统进行消费认证，即顾客使用指纹注册成为指纹消费折扣联盟平台会员，通过指纹识别即可完成消费支付，并可享受到商家最低折扣，不仅简化了消费程序，省去了各种会员卡银行卡的牵绊，还可以获得高额返利的一种新型支付模式。

⑤ 虹膜支付，是指通过识别用户虹膜完成身份认证，从而进行交易的支付行为。虹膜是位于眼睛黑色瞳孔和白色巩膜之间的圆环状部分，由相当复杂的纤维组织构成，包含有很多相互交错的斑点、细丝、冠状、条纹、隐窝等细节特征，这些特征在出生之前就以随机组合的方式确定下来，一旦形成终生不变。虹膜识别的准确性是各种生物识别中最高的。

⑥ 近场支付，是指用户使用支持RFID（射频通信）等功能的终端载体（包括智能手机或数字电视等），在安装了POS机具的场所，通过近距离通信方式完成支付交易的业务类型。NFC（Near Field Communication）近距离无线通信是目前近场支付的主流技术，它是一种短距离的高频无线通信技术，允许电子设备之间进行非接触式点对点数据传输交换数据。该技术由RFID演变而来，并兼容RFID技术。

币市场基金的40%。据"融360"发布的数据,截至2015年6月底,全国72家互联网平台共推出81只"宝宝类"理财产品,对接69只货币市场基金,余额1.46万亿元。其中,余额宝用户1.49亿人,余额6133亿元。

三是网络借贷(P2P)十分活跃。2012年以来,P2P平台在全国各地迅速扩张。特别是2013年9月以来,P2P平台以每月上线100家左右的速度快速增加,P2P平台交易规模跃居世界第一位。根据"第一网贷"发布的报告,截至2015年6月底,全国共有P2P网贷平台3547家,贷款余额2363亿元,同比增长2.2倍,参与人数日均18.5万人。

四是网络小额贷款蓬勃发展。目前,阿里、腾讯、京东、百度、苏宁等陆续进入网络小贷领域,其中,阿里小贷利用线上数据提供的融资产品就有淘宝订单贷款、淘宝信用贷款、阿里信用贷款等多个品种,单笔贷款金额一般不超过100万元。截至2015年6月底,阿里小贷累计为180万家客户提供4000多亿元信用贷款,贷款余额超过280亿元,不良贷款率不到1.5%。

五是众筹融资驶入快车道。2014年被业内称为众筹元年,当年有119家平台上线,为前3年总数的2.8倍。根据网贷之家、盈灿咨询联合发布的报告,2015年上半年设立众筹平台53家,募集资金46.7亿元。其中,奖励类众筹项目占总数的55.6%,股权类众筹项目占27.6%。据中国证监会调查,截至2015年9月15日,全国共有184家互联网股权融资平台机构,其中2014年上线69家,2015年上线83家,发布融资项目1.1万个,融资34.6亿元。

六是金融机构创新型平台建设快速推进。中国建设银行"善融商务"、中国工商银行"融e购"、中国银行"融易达"、交通银行"交博汇"、招商银行"非常e购"、华夏银行"电商快线"、国金证券与腾讯合作的"佣金宝"以及阿里巴巴与平安集团、腾讯联手设立的"众安在线"等陆续推出,业务不断拓展。

二、互联网金融的影响广泛而深刻

从互联网技术应用的影响看,金融受到的冲击并非第一波。比如,20世纪90年代中期出现的电子邮件,很快替代了传统的信件、电报;网络媒体已经超越报纸、杂志、出版物、广播电视成为第一媒体，微博、微信朋友圈等自媒体①蓬勃兴起；网络购物占零售业的比重不断提高，实体的书店、商店、超市趋于萎缩，等等。目前，互联网金融的发展趋势和影响虽然有待观察，但其积极意义已经显现。

一是使普惠金融②成为可能。我国金融体系长期存在结构不合理问题，银行"贷大不贷小"，小微企业、"三农"等薄弱环节融资难、融资贵的问题十分突出，一些偏远农村特别是山区只有简单的存取款服务，甚至还有空白，针对老百姓零散、低门槛的理财服务比较匮乏。互联网金融凭借其特有的"草根"性、便捷性和开放性，恰恰弥补了传统金融服务的不足，脱下了"高富帅"的西装，融入到寻常百姓特别是年轻一代日常生活的方方面面。

二是倒逼金融改革。伴随着互联网金融的快速兴起，其"鲶鱼效应"③逐步显现。最典型的是阿里巴巴的余额宝、腾讯的理财通、百度的百发百赚、苏宁的零钱宝等互联网理财产品，这些产品门槛低、收益高，集理财、实时支付等功能于一身，加上"T+0"④的赎回方式，一经推出就受到市场追捧。互联网理财产品自2013年6月推出以来，七日年化收益率最高超过

---

① 自媒体（We Media）又称"公民媒体"或"个人媒体"，是指私人化、平民化、普泛化、自主化的传播者，以现代化、电子化的手段，向不特定的大多数或者特定的单个人传递规范性及非规范性信息的新媒体的总称。自媒体平台包括：博客、微博、微信、百度官方贴吧、论坛/BBS等网络社区。2003年7月，美国新闻学会媒体中心发布由谢因波曼与克里斯威理斯联合提出的"We Media"（自媒体）研究报告，首次提出这一概念。

② 普惠金融源于英文"Inclusive Financial System"，联合国2005年宣传小额信贷年时首次使用，后被联合国和世界银行大力推行。普惠金融是指能有效、全方位为社会所有阶层和群体提供服务的金融体系，实际上就是让所有老百姓享受更多的金融服务，更好地支持实体经济发展。2012年6月19日，胡锦涛在墨西哥举办的二十国集团峰会上指出："普惠金融问题本质上是发展问题，希望各国加强沟通和合作，提高各国消费者保护水平，共同建立一个惠及所有国家和民众的金融体系，确保各国特别是发展中国家民众享有现代、安全、便捷的金融服务。"这是中国国家领导人第一次在公开场合正式使用普惠金融概念。2013年11月12日，中共十八届三中全会通过《中共中央关于全面深化改革若干重大问题的决定》，正式提出"发展普惠金融"。

③ 鲶鱼效应来自挪威的一个故事。挪威人捕捞沙丁鱼，运回码头时常有一些鱼由于憋闷而死。后来，挪威人把鲶鱼放入鱼槽。鲶鱼是沙丁鱼的天敌，出于天性会不断地追逐沙丁鱼，沙丁鱼被迫四处游动，激发了活力，空气也流通了，结果沙丁鱼被活蹦乱跳地运回了渔港。根据鲶鱼效应，有意识地在组织或者市场中引入一些"鲶鱼"式的人才或竞争对手，通过他们打破昔日的平静，可以激活组织，大幅度提高组织绩效。

④ "T+0"赎回是指投资者在购买相应的银行理财产品或者基金产品时，在产品的赎回开放时间提交赎回申请后，资金当日甚至实时到账的赎回方式。

7%，最低时也高于3%，远高于0.35%的银行活期存款利率。受此影响，利率市场化步伐加快，银行活期存款大量搬家，银行资产负债结构发生深刻变化，存贷息差收窄，经营压力加大。一些商业银行也随之推出"宝宝类"产品，如兴业银行的兴业宝、民生银行的如意宝、平安银行的平安盈、广发银行的智能金、交通银行的快溢通和招商银行的溢财通。还要看到，互联网理财、P2P、京东白条等产品对货币市场流动性的影响不可低估，货币政策传导机制亟待完善。

三是助推信息经济。当前，互联网与传统产业乃至公共服务、政府管理的融合越来越深，移动电子商务、O2O（Online to Offline）①、在线教育、

① O2O 即 Online to Offline，是线上线下结合的一体化运营模式。O2O 电子商务模式须具备五大要素：独立网上商城、国家级权威行业可信网站认证、在线网络广告营销推广、全面社交媒体与客户在线互动、线上线下一体化的会员营销系统。O2O 的优势在于网上和网下的优势完美结合。一是 O2O 模式充分利用了互联网跨地域、无边界、海量信息、海量用户的优势，同时充分挖掘线下资源，进而促成线上用户与线下商品与服务的交易，团购就是 O2O 的典型代表。二是 O2O 模式可以对商家的营销效果进行直观的统计和追踪评估，规避了传统营销模式的推广效果不可预测性，O2O 将线上订单和线下消费结合，所有的消费行为均可以准确统计，进而吸引更多的商家进来，为消费者提供更多优质的产品和服务。三是 O2O 在服务业中具有优势，价格便宜，购买方便，且折扣信息等能及时获知。四是将拓宽电子商务的发展方向，由规模化走向多元化。五是O2O 模式打通了线上线下的信息和体验环节，让线下消费者避免了因信息不对称而遭受的"价格蒙蔽"，同时实现线上消费者"售前体验"。

远程医疗、网络定制①、车联网②、工业互联网③等新兴业态飞速发展，正在掀起新一轮技术和产业革命。腾讯公司董事会主席兼首席执行官马化腾

---

① 网络定制是指网站经营者根据受众的需求差异，将信息或服务化整为零或提供定时定量服务，让受众根据自己的喜好去选择和组配，从而使网站在为大多数受众服务的同时，变成能够一对一地满足受众特殊需求的市场营销工具。主要形式：一是数据库一般查询服务。这种方式在网上比较多，如许多人才信息网站将应聘者的简历和招聘者的招聘信息存放在数据库中，提供几个检索点，让查询者按需查询。这是一种比较初级的定制服务，或者说是定制服务的雏形。二是深度细分的定制服务。目前，最典型的是新闻定制服务，一方面将网上成百上千的信息源中的信息实时地收集过来，另一方面根据每个读者预先确定的阅读标准去粗取精后实时地分发出去，这样读者可以省去搜索时间，及时看到自己感兴趣的内容。三是提示型定制服务。这类网站以提示和备忘为主，当它监控的任何网站在内容方面发生变化时，预订者可以在第一时间里获得通知。而对网站经营者来说，利用它可以让其受众随时得到网站内容更新的通知。这种URL提示服务在后台技术的支持下，允许预订者选择多种监控标准，如可以监控网站中某一页或几页，甚至只监控某段文字，可以根据关键词和图形来监控，也可以监控链接方面的变化。通知的手段也可以选择，电子邮件是最常用的方式，电话、寻呼机等也可以。四是需要客户端软件支持的定制服务。通过运行在读者计算机上特制的软件包接收新闻信息，这种软件以类似屏幕保护的形式出现在计算机上，而接收哪些信息是需要读者事先选择和定制的。这种方式与上述方式最大的不同在于，信息并不是驻留在服务器端的，而是通过网络实时推送到客户端，传输速度更快，让客户察觉不出下载的时间。

② 车联网（Internet of Vehicles）概念引申自物联网（Internet of Things），根据行业背景不同，对车联网的定义也不尽相同。传统的车联网定义是指装载在车辆上的电子标签通过无线射频等识别技术，实现在信息网络平台上对所有车辆的属性信息和静动态信息进行提取和有效利用，并根据不同的功能需求对所有车辆的运行状态进行有效的监管和提供综合服务的系统。随着车联网技术与产业的发展，上述定义已经不能涵盖车联网的全部内容。根据车联网产业技术创新战略联盟的定义，车联网是以车内网、车际网和车载移动互联网为基础，按照约定的通信协议和数据交互标准，在车～X（X：车、路、行人及互联网等）之间，进行无线通信和信息交换的大系统网络，是能够实现智能化交通管理、智能动态信息服务和车辆智能化控制的一体化网络，是物联网技术在交通系统领域的典型应用。

③ 工业互联网是全球工业系统与高级计算、分析、感应技术以及互联网连接融合的结果，它通过智能机器间的连接并最终将人机连接，结合软件和大数据分析，重构全球工业，激发生产力。工业互联网是由三种元素逐渐融合形成的。一是智能机器。以崭新的方法将现实世界中的机器、设备、团队和网络通过先进的传感器、控制器和软件应用程序连接起来。二是高级分析。基于物理的分析法、预测算法、自动化和材料科学、电气工程及其他关键学科的深厚专业知识，来理解机器与大型系统的运作方式。三是工作人员。建立员工之间的实时连接，连接各种工作场所的人员，以支持更为智能的设计、操作、维护以及高质量的服务与安全保障。

认为，各行各业正在全面进入"互联网＋"①的时代。比如，小米手机通过众包②，实现用户深度参与企业生产制造过程，推出永远在线的演示（Demo）版、每周1次的体验版、每月1次的稳定版，出货量由2011年的40万部、2012年的719万部、2013年的1870万部，猛增到2014年的6112万部。互联网金融得益于上述领域的发展。反过来，信息经济也借助互联网金融获得了便利的支付服务和融资，如虎添翼，正在成为新一轮经济增长的引擎。

不可忽视的是，各方面对互联网金融有褒也有贬，互联网金融风险屡有发生。第一网贷资料显示，2014年出现倒闭、跑路、提现困难等问题的P2P借贷平台283家，比2013年增加208家，其中2014年12月有90家，超过2013年的总和。互联网金融的风险主要有两类：一类是信用违约、非法集资等传统金融风险。如南通的"优易网"通过高息诱饵和虚假借款标非法募集资金，擅自投资期货，涉案金额达2000万元。号称最大、最安全网络借贷平台的"淘金贷"，上线仅1周就关闭，卷走80名投资者100万元资金。另一类是与互联网伴生的系统安全、个人信息泄露等新风险。如杭州的"酷跑金融"网站由于技术缺陷，被黑客篡改数据，上线仅6天就被迫关闭。这些风险案件敲响了互联网金融的警钟，也引发了人们对互联网金融未来走向的担忧。

---

① "互联网＋"是易观国际集团董事长兼CEO于扬2012年11月14日最早提出的概念。腾讯公司董事长马化腾在演讲中多次提到这个概念，引发业界广泛讨论。"互联网＋"与"互联网化"是比较相似的概念。随着互联网的泛在融合，"互联网＋"逐渐成为网络中的高频词汇。

"互联网＋"是互联网发展到一定程度后的趋势。主要表现为互联网与传统行业全方位融合，从服务业延伸到工业、农业、金融业，并通过改善信息传输方式、提供营销推广平台、重塑服务模式等推进各个领域的变革。

"互联网＋"是一个趋势，加的是传统的各行各业。过去十几年间，互联网的发展很清楚地凸显了这一点。比如，互联网加媒体产生网络媒体，加娱乐产生网络游戏，加零售产生电子商务，加金融产生互联网金融，等等。传统行业每一个细分领域的力量仍然是无比强大的，每个行业都可以把互联网变成工具，也会衍生出很多新的机会。每一次产业革命，都需要科技进步的推动。互联网带来的信息化已成为当前产业发展的重要推动力。

"互联网＋"还暗含着连接一切的概念和可能。个人电脑互联网、无线互联网、物联网等，都是互联网在不同发展阶段的反映。互联网的不断发展，将是未来一切变化的基础。

② 众包指的是一个公司或机构把过去由员工执行的工作任务，以自由自愿的形式外包给非特定通常是大型大众网络的做法，也就是通过网络做产品的开发需求调研，以用户的真实使用感受为出发点。众包的任务通常是由个人来承担，但如果涉及需要多人协作完成的任务，也有可能以依靠开源的个体生产的形式出现。美国《连线》杂志记者Jeff Howe在2006年6月刊上首次推出众包的概念。

第二节 研究意义

研究互联网金融的竞争力，旨在客观理性地认识这一新生事物，探索发展规律，把握发展趋势，推动健康发展。其意义是多方面的。

其一，有助于因势利导，鼓励创新。金融创新与风险历来相伴而生，如影随形，互联网金融也不例外。对此，既不能因噎废食，"一棍子打死"，也不能放任自流，留下后患。这就需要弄清楚互联网金融的竞争力之所在，看看哪些创新是合乎实际的，是服务实体经济的，是商业可持续的，从而掌握好创新与风险之间的平衡，更好地发挥互联网金融的积极作用。

其二，有助于破除障碍，深化改革。从近两年的情况看，互联网金融就像一股新风，搅动了沉寂的金融市场，触动了本已固化的利益格局，也折射出现行金融体制机制的弊端。比如，存款利率管制，市场准入门槛高，金融结构不合理，小额零散投融资服务不足，等等。抓住这些问题并加以解决，就能够倒逼金融改革，奏响全面深化金融改革的最强音。

其三，有助于纳入监管，防范风险。没有规矩，不成方圆。互联网金融同样如此。开展互联网金融竞争力研究的落脚点，就是要趋利避害，对症下药，制定切实、管用、易操作的监管措施，促进互联网金融健康发展，守住不发生系统性区域性金融风险的底线。

第三节 研究思路和方法

竞争力研究最早可以追溯到古典经济学的比较优势理论，作为正式的研究对象则始于20世纪80年代。此后30多年来，关于竞争力的研究，大致分为两个阶段：一是20世纪80年代初至90年代初，这是竞争力研究的起步阶段。时任美国总统罗纳德·里根命令成立"工业竞争力总统委员会"，开展产业国际竞争力研究。世界经济论坛（WEF）和瑞士洛桑国际管理发展学院（IMD）合作，对全球主要国家的综合竞争力进行排名。二是

20世纪90年代初至今，这是竞争力理论的形成与发展阶段。1990年，美国哈佛大学教授迈克尔·波特出版了《国家竞争优势》，提出了钻石模型。此后，竞争力研究主要沿着钻石模型的竞争力形成机理和构建产业竞争力计量分析模型两条路线展开。总的来看，竞争力研究主要集中在国家、产业和企业层面，侧重于国际比较。目前，从竞争力的角度研究互联网金融还是空白，这就需要确定科学的研究思路和方法。

一、研究思路

在参照物方面：从全球看，我国互联网金融虽然出现的时间并不早，但产业规模最大，业务创新最快，发展态势最强劲。因此，研究互联网金融竞争力，选择以传统金融为主要参照物比较好，横向的国际比较作为补充。值得一提的是，互联网金融产生伊始就遭到各个方面的质疑，拿互联网金融同传统金融做比较，本身就是直面社会关切，释疑解惑，有利于廓清模糊认识，最大限度凝聚各方面的共识。

在比较角度方面：评价互联网金融的竞争力，没有可资照搬的现成做法，不能选择某个角度甚至个别的指标，而应从历史成因、现实表现、未来走向等多个视角，进行全方位立体式观察。这样，才能全面深入分析原因，去伪存真，追根溯源，看出"庐山真面目"，弄清楚互联网金融未来发展的内在动力和可能的方向。

在核心竞争力方面：任何事物的竞争力都有多种多样的表现，互联网金融也不例外。关键是透过现象看本质，抓住主要矛盾和矛盾的主要方面，重点把握好最具代表性、标志性的评价指标和要素。决定互联网金融竞争力的核心因素是技术。正是由于应用了大数据、云计算、移动互联等技术，有效缓解了信息不对称，增强了互联网金融的核心竞争力。沿着这个思路深入研究，无论对促进互联网金融自身的发展，还是对科学制定政策，都十分重要。

二、研究方法

互联网金融毕竟是基于互联网技术的新兴产业。研究这一新生事物，应针对互联网的特点，遵循互联网发展规律，也就是运用互联网思维来研究互联网金融。为此，本书在研究中综合使用了多种研究方法，主要包括：

（1）文献分析。整理国内外有关互联网金融的各种文献，广泛占有资料特别是第一手资料。

（2）调研研讨。通过召开互联网金融企业、金融机构、金融管理部门和专家学者座谈会，深入探讨互联网金融的特点、竞争优势、发展潜力、风险隐患、监管思路等重大问题。选择有代表性的互联网金融企业走访调研，广泛听取意见建议，解剖"麻雀"，从典型案例透视普遍性、倾向性问题，探索互联网金融发展的规律。

（3）开门研究。通过学术研讨、联合研究等形式，充分利用一切研究资源，吸收借鉴最新研究成果，"站在巨人的肩膀上"再拔拔高。

（4）定性定量结合。既从宏观上判断互联网金融的性质、竞争优势，也从微观上与类似的传统金融业态做对比分析和测算，用事实和数据说话。

三、本书逻辑结构

第一章，引言。介绍研究背景和意义，提出研究思路、方法及创新之处。

第二章，关于互联网金融的争鸣。总结回顾有关互联网金融的研究文献，介绍各方面对互联网金融的定义、类型以及一些重点问题的看法和分歧。

第三章，互联网金融为什么在中国异军突起。从技术、需求、监管等多个角度分析互联网金融的成因。互联网金融的产生和发展不是偶然的，是多种因素综合作用的结果。

第四章，互联网金融的竞争优势在哪里。重点分析互联网金融带来的服务便捷、匹配精准、成本低廉等好处。

第五章，缓解信息不对称的一把钥匙。基于信息不对称理论，研究互联网金融的核心竞争力，分析了未来发展潜力。

第六章，火爆背后的风险与隐忧。强调互联网金融是把"双刃剑"，分析了风险叠加、信息泄露、垄断经营等风险隐患。

第七章，政策建议。从创新、监管和工作指导等方面提出了 10 条建议。

第八章，结论与展望。

第四节 创新之处

本书充分吸收了国内外最新研究成果，在许多方面填补了互联网金融研究的空白。主要创新点有三个方面：

第一，坚持问题导向，着重回答对互联网金融怎么看、怎么办。互联网金融从产生之初，就引起社会各界广泛关注，众说纷纭。在此情况下，研究互联网金融的竞争力，既直面问题，释疑解惑，又另辟蹊径，透过现象看本质，探讨互联网金融的走向和监管思路，现实针对性比较强。

第二，突出重点，抓住了信息不对称这个要害。在全面剖析我国互联网金融异军突起的成因和竞争优势的基础上，提出技术因素是根本，互联网技术的进步越来越有利于缓解信息不对称问题，而体制机制、监管等因素会不断消退。互联网金融的竞争力就在于此。

第三，与时俱进，用互联网思维研究互联网金融。互联网与各个领域的融合是大势所趋，已经并将继续产生广泛而深刻的影响。本书不是把互联网同金融割裂开来，就技术论技术，就金融论金融，而是放在互联网技术突飞猛进、互联网与金融不断融合的大背景下，认识和思考互联网金融这个新生事物。

第二章 关于互联网金融的争鸣

互联网金融这个概念虽然出现的时间不长，但很快掀起了研究的热潮。从期刊文献来看，截至2013年6月底，中国知网以"互联网金融"为主题的文章不足100篇，而到了2015年7月底则飙升至1.8万篇。这些研究主要涉及互联网金融的定义、类型、业态、风险隐患、监管框架等方面，总体上处于起步阶段。目前，关于互联网金融竞争力的研究文献几乎空白，仅有一些零散的观点，分歧也比较大。基于此，本章着重介绍有关互联网金融的争论及研究现状，为展开互联网金融竞争力研究找好切入点，提供基础。

第一节 互联网金融的定义

互联网金融的业态最早出现在英美等国，但国外并没有互联网金融的概念。目前使用的名称包括世界银行的电子金融（Electronic Finance 或者 E-finance）、在线银行（Online Bank）、电子支付（Electronic Payment），美国的电子银行服务（Electronic Banking Service），英国的电子支付（Electronic Means of Payment），德国的网络银行（Direct Banking）、直接销售保险商（Direct-selling Insurers），美英及欧盟的电子货币（Electronic Money），等等。中国人民银行等十部委《关于促进互联网金融健康发展的指导意见》提出，"互联网金融是传统金融机构与互联网企业利用互联网技术和信息通信技术实现资金融通、支付、投资和信息中介服务的新型金融业务模式。"在此之前，国内对互联网金融的概念众说纷纭，认识不一致。

（1）金融管理部门的观点。中国人民银行《中国金融稳定报告

（2014）》指出，互联网金融是互联网与金融的结合，是借助于互联网技术和移动通信技术实现资金融通、支付和信息中介功能的新兴金融模式。广义的互联网金融既包括作为非金融机构的互联网企业从事的金融业务，也包括金融机构通过互联网开展的业务；狭义的互联网金融仅指互联网企业开展的、基于互联网技术的金融业务。尚福林（2014）认为，互联网金融就是在互联网上从事的金融业务。其中，有些是传统银行业务和产品的电子化运作，有些是非金融机构探索尝试的新型业务模式。郭利根（2014）认为，互联网金融既包括传统银行通过网上银行、手机银行提供的服务，即金融互联网，也包括非银行的互联网企业，通过互联网开办的支付中介、信用中介业务。穆怀朋（2013）认为，互联网金融是随着互联网技术和信息技术发展形成的新业态，资金需求方和供给方通过互联网实现信息交换，从而实现资金融通。

（2）互联网企业的观点。马云（2013）认为，互联网金融并不是简单的"基于互联网技术的金融"，而是"基于互联网思想和互联网技术的金融"。他提出，传统金融机构只服务了20%的客户，必须要用新的思想、新的技术去服务其余80%的客户。未来金融有两大机会，一个是金融互联网，金融行业走向互联网；另一个是互联网金融，纯粹的外行领导，其实很多行业的创新都是外行进来才引发的。金融行业需要搅局者，更需要那些外行的人进来进行变革。换言之，传统金融机构使用互联网技术自我革新和优化的模式根本不是互联网金融，而仅仅是金融互联网，或曰传统金融服务的网络化。

（3）金融机构的观点。姜建清（2013）认为，互联网金融是从银行客户交易对手的交易端（电子商务端）发起，通过掌握大量客户信息并以此为基础进行大数据发掘，逐步向银行的支付和融资端以及银行传统业务端进军。杨凯生（2013）认为，凡是通过互联网运作的金融业务都应列入互联网金融的范畴。牛锡明（2013）认为，银行对互联网技术的应用也是互联网金融的一种形式。曹彤（2013）认为，金融互联网代表传统金融机构运用互联网技术提供服务，而互联网金融则是把互联网的一系列经济行为融入金融要素进而形成金融服务，两者属于不同范畴。易会满（2014）认为，互联网金融是互联网技术融入金融领域的产物，实质上是互联网技术与金融服务的结合，以第三方支付、网络借贷、网络理财等为代表。马蔚华（2014）认为，互联网金融是基于互联网的金融活动，它不是一种脱离金融本质的全新金融范畴，而是互联网与金融交叉结合的产物。从广义上理解，互联网金融包括互联网企业开展金融业务，金融机构利用互联网技术来开展业务，以及纯粹的互联网金融，如美国安全第一网络银行、美国互联网银行等。李仁杰（2014）认为，互联网金融是指互联网企业和传统金融机构利用计算机科技、网络科技、通信科技等现代文明成果从事金融服务所形成的新业态、新模式、新渠道、新功用的归纳总结，以及在此基础上对未来状态的演绎和想象。朱洪波（2014）认为，互联网金融的商业模式实质是在互联网技术平台上做传统银行业务，对互联网公司来说是互联网金融，对传统银行来说是金融互联网，两者都是运用互联网技术，互联网公司可以做，传统银行也可以做。

　　（4）学术界的观点。李扬（2014）认为，互联网金融是依托于海量的数据积累以及强大的数据处理能力，通过互联网平台提供信贷、融资、支付一系列金融中介服务。可以从技术和金融两端认识互联网金融，技术一端是以互联网为载体做金融，可以提高效率；金融这一端，是货币市场基金或者其他基金，它使资源配置和互联网支付功能有效结合。所以，狭义的互联网金融就是货币市场基金加小额贷款。谢平等（2014a）认为，互联网金融是一个谱系概念，涵盖因为互联网技术和互联网精神的影响，从传统银行、证券、保险、交易所等金融中介和市场，到瓦尔拉斯一般均衡对应的无金融中介或市场情形之间的所有金融交易和组织形式。张承惠（2014）认为，广义的互联网金融包括金融互联网和互联网金融两个范畴。金融互联网是指金融机构利用互联网代替物理网点和人工服务，办理以往需要通过柜台才能办理的业务，实现金融服务的高效率；而互联网金融，则指非金融机构甚至个人利用互联网进行各种金融交易，金融机构运用互联网的理念和思维方式对传统金融业务进行全方位改造，以实现客户关系的无缝对接、深度服务和资源使用的最优化。殷剑锋（2014）认为，互联网金融属于电子金融一类，即利用互联网提供金融服务，主要表现为互联网企业进入金融行业：电子商务企业从事金融业务，工商企业利用互联网平台从事筹资和融资活动，互联网企业开设网上金融超市。胡滨等（2014）认为，互联网金融是借助于互联网技术、移动通信技术，实现资金融通、支付和信息中介等业务的新兴金融模式。李稻葵（2014）认为互联网金融分为两类：一类是非原发性互联网金融业务，即以互联网为工具，本质上却是为线下经济活动服务，属于传统金融；另一类是原发性互联网金融，即为线上交易提供服务。中国信息通信研究院、中国互联网协会互联网金融工作委员会（2015）认为，互联网金融是在金融创新、用户需求及信息通信技术发展的多重因素交织推动下，由传统金融机构及互联网企业等多种主体，以互联网作为金融服务载体，以移动通信、云计算、大数据等信息通信技术作为支撑手段，向互联网用户提供的便捷、高效、智能的金融服务。这些服务既包括向线上延伸的线下金融业务，也包括基于互联网创新的新型金融业务。互联网金融的核心要点是以互联网作为金融业务和资金再配置的媒介来开展金融活动，实现金融资源的跨时间、跨空间的再配置，引导资金在供需双方之间高效流动。

上述定义的主要分歧在于如何看待传统金融机构基于互联网开展的创新业务，也就是"互联网金融"和"金融互联网"之争。一种观点认为，互联网金融和金融互联网是两种不同的模式。互联网金融是从体验和服务开始，到产业和市场，再到金融；金融互联网是从金融到服务，再到产业和市场。互联网金融是流量为王，从服务入手；金融互联网只是利用互联网提升远程的服务，还属于传统金融。互联网金融是颠覆式的，金融互联网是改良式的（马明哲，2014）。互联网金融是一种全新的业态（李国华，2014）。另一种观点认为，互联网金融并没有改变金融的本质，不应有互联网金融与金融互联网之分（吴晓灵，2014）。单纯地就主体来划分互联网金融与金融互联网，实质是将金融机构和互联网企业对立起来，人为排除互联网与金融相互融合的可能（马蔚华，2014）。这种争论的背后，是新兴互联网力量与传统金融机构对金融话语权的争夺。

第二节　互联网金融的类型

近年来，由于各种各样的互联网金融产品不断涌现，业务模式层出不穷，互联网金融的类型划分也莫衷一是，大相径庭。

（1）中国人民银行等十部委《关于促进互联网金融健康发展的指导意见》列举的类型。一是互联网支付，指通过计算机、手机等设备，依托互联网发出支付指令、转移货币资金的服务。二是网络借贷，包括个体网络借贷（即 P2P 网络借贷）和网络小额贷款。个体网络借贷是指个体和个体之间通过互联网平台实现的直接借贷。网络小额贷款是指互联网企业通过其控制的小额贷款公司,利用互联网向客户提供的小额贷款。三是股权众筹融资,主要指通过互联网形式进行公开小额股权融资的活动。四是互联网基金销售。五是互联网保险。六是互联网信托。七是互联网消费金融。

(2)中国人民银行《中国金融稳定报告(2014)》列举的类型。一是互联网支付,典型的互联网支付机构是支付宝。二是 P2P 网络贷款,如宜信、人人贷等。三是非 P2P 网络小额贷款,如阿里金融旗下的小额贷款公司。四是众筹融资,以"天使汇""点名时间"等为代表。五是金融机构搭建的网络金融服务平台,目前这类平台有"善融商务""交博汇""非常 e 购""电商快线"以及"众安在线"等。六是基于互联网的基金销售,如阿里巴巴的"余额宝"、腾讯的"理财通"等。

(3)中国信息通信研究院、中国互联网协会互联网金融工作委员会(2015)划分的类型。一是传统金融互联网化业务,如直营银行、券商、保险等。二是以互联网作为平台渠道开展金融产品销售与导购业务,如网络理财、保险等。三是新型互联网金融类业务,如第三方支付、P2P 借贷、网络众筹、供应链金融、金融产品比价搜索等。

(4)谢平等(2014b)划分的类型。一是金融互联网化。包括:网络银行和手机银行,以 ING Direct(欧洲)、M-Pesa(肯尼亚)为代表;网络证券公司,以 Charles Schwab(美国)为代表;网络保险公司;网络金融交易平台,以 SecondMarket、SharesPost(美国)为代表;金融产品的网络销售,以 Bankrate(美国)、余额宝、百度金融为代表。二是移动支付与第三方支付,以 PayPal(美国)、支付宝(阿里)、财付通和微信支付(腾讯)为代表。三是互联网货币,以比特币、Q 币、亚马逊币为代表。四是基于大数据的征信和网络贷款,以 ZestFinance(美国)、Kreditech(德国)、Kabbage(美国)、阿里小贷为代表。五是 P2P 网络贷款,以 Prosper(美国)、Lending Club(美国)、Zopa(英国)、宜信、陆金所、拍拍贷、人人贷为代表。六是众筹融资,以 Kickstarter(美国)、天使汇为代表。

(5)吴晓灵(2013)划分的类型。一是基于电商交易结算的第三方支付,如支付宝。二是基于第三方支付功能的金融产品结算和销售,如基金第三方支付结算牌照和余额宝等。三是基于交易信息的小微信用贷款,如阿里小贷。四是基于信息平台的融资服务,如 P2P、众筹。

(6)杨凯生(2013)划分的类型。一是支付结算类业务,包括依托自有网上购物网站发展起来的综合性支付平台，如"支付宝"、"财付通"等；独立的第三方支付平台，如"快钱"、"环迅支付"、"首信易支付"、"拉卡拉"等。二是融资类业务，包括P2P网络借贷；基于信息搜集和处理能力的融资模式；供应链金融模式，如"京东商城"；众筹模式，如"点名时间"、"有利网"等。三是投资、理财、保险类业务，包括为金融机构发布贷款、基金产品或保险产品信息，承担信息中介或从事基金和保险代销业务，如"融360"、"好贷网"、"数米网"、"铜板街"、"天天基金"等基金代销网站；基于互联网的投资理财产品或保险产品，如"余额宝"、"众安在线"、运费险、快捷支付盗刷险等。

（7）穆怀朋（2013b）划分的类型。一是互联网支付，如支付宝。二是互联网借贷，如P2P网贷。三是互联网融资，如众筹。四是互联网投资，如余额宝。

（8）马蔚华（2014）划分的类型。一是第三方支付。二是移动支付。三是网络借贷。四是众筹融资。五是互联网理财与保险。六是互联网金融门户。七是互联网货币。

（9）周延礼（2014）划分的类型。一是互联网支付。二是P2P。三是网络借贷。四是网络保险。五是众筹融资。

（10）彭蕾（2014）划分的类型。互联网金融架构有三个层面：一是"端"，即应用、终端，是服务和连接平台，如PC网站、APP、手机、PAD、智能设备、码、语音、图像、声波、蓝牙。二是"中间层"，包括客户平台、产品平台、支付清算平台、资金管理平台。三是底层的大数据平台。三个层面缺一不可，"端"上的数据沉淀到大数据平台，大数据平台又支撑构建中间层。

（11）姚乃胜（2014）划分的类型。互联网金融由两个"端"加两条"高速公路"组成。其中，两个"端"是指资产端（即融资）和资金端（即理财），两条"高速公路"是指支付和数据。

造成上述分歧的原因是多方面的，这与当前互联网金融发育不成熟、产品和业务不定型有关，也与互联网金融创新快速推进、新产品新业态大量涌现有关。从目前来看，短期内各方面还难以形成广泛共识，需要经历一个讨论和观察的过程。

第三节 争论的几个焦点问题

综合近几年关于互联网金融的争论，主要有三种观点：一是替代论。这种观点认为，互联网金融是有别于商业银行间接融资和资本市场直接融资、相对独立的第三种金融模式，将对传统金融产生颠覆性影响。其优点是：市场信息不对称程度低，去中介，资金供需双方可以直接交易，资源配置效率高，交易成本低，支付便捷。二是工具论。互联网金融本质上还是金融，互联网只是工具。互联网金融颠覆的是商业银行的技术，而不是金融属性。互联网金融在渠道意义上挑战了传统的银行和资本市场，但在产品结构和产品设计上与传统金融机构的产品没有区别。三是融合论。作为互联网和金融相互交叉渗透的产物，互联网金融依托技术手段，降低了成本，提高了效率，提供了传统金融做不了也做不好的小微、零散、个性化投融资服务，起到了拾遗补阙的作用，也推动了传统金融的变革。持有这三种观点的代表人物，就涉及互联网金融性质、特征和未来发展趋势的几个问题掀起了一波又一波争论。

一、互联网金融的本质

一种观点认为，利用互联网技术创新金融服务，有可能从根本上改变金融业游戏规则和经营模式，是不可阻挡的商业模式。互联网已不仅是个销售渠道，其本身特点也在改变着金融业的行为方式和市场格局。以互联网金融为代表的新兴金融业态，已经成为影响金融市场格局的重要力量，正将保险业"跑马圈地"的发展模式逼入"死胡同"（项俊波，2013，2014）。互联网金融随着技术的发展，可能会对传统金融业产生颠覆性影响，不排除金融机构像书店、商店一样趋于萎缩，甚至虚拟货币会取代主权货币。金融互联网以金融为主干、以互联网为枝叶，而互联网金融以互联网为主干，以金融为枝叶（曹彤，2013）。互联网金融之于传统金融，就好比汽车之于马车（马云，2013）。互联网金融是有别于间接融资和直接融资的第三种金融模式（谢平，2012c）。互联网金融通过海量数据，可以看清抽样统计所无法揭示的详细信息（Viktor and Kenneth，2013），进而有可能从根本上改变风险的管理与定价方式。

专栏1 金融行业需要搅局者

阿里巴巴集团董事长 马云

　　未来的金融有两大机会，第一个是金融互联网，金融行业走向互联网；第二个是互联网金融，纯粹的外行领导，其实很多行业的创新都是外行进来才引发的。金融行业也需要搅局者，更需要那些外行的人进来进行变革。

　　金融生态系统的主要特点应该是开放。中国的金融监管过度，美国则监管不力。监管过度会让生态系统变成一个农场，想种什么种什么，不想种的永远进不来，但真正的生态系统一定是开放的，百花齐放。对于中国金融业来说，让更多人参与比多发几张牌照显得更重要。

　　风险永远存在，但我们必须用创新的方法解决风险，永远不要忘记，我们的目的是解决生活问题、商业问题和商贸问题。我跟很多人一样以前抱怨很多，说金融这不对那不对，后来了解多了发现，人家也没办法。中国的金融行业特别是银行业服务了20%的客户，我看到的是80%没有被服务的企业。把他们服务好，中国经济巨大的潜力就会被激发出来。我们必须用新的思想、新的技术去服务他们。这可能是中国未来金融行业发展的巨大前景所在。

　　有时候我们认为，我可以做得更好，因为不懂，而世界往往是被那些不懂的人搞翻天的。所以，开放首先是思想开放，不是政策开放。只有思想开放，才可能有技术开放、政策开放。

　　中国不缺银行，但是缺乏一个对10年以后经济成长承担责任的金融机构。今天的金融，确实做得不错，没有金融机构的支撑，中国的经济30年来不可能发展到今天。但是靠今天这样的机制，我不相信能够支撑30年后中国所需要的金融体系。很多问题不是今天造成的，而是历史造成的。我们很难改变历史，但我们可以改变未来。今天做准备，10年以后才有机会。今天我们引进开放，可能会有问题，但是今天的问题就会变成10年以后的成绩。

　　所以，我作为一个外行者，一个不懂金融的人，对金融好奇，不是因为它能挣多少钱，而是因为它可以让很多人挣钱，可以让很多人发生变化。我希望外行人能够参与这个领域，不仅仅是来搅局，而是共同创造一个未来。金融是为外行人服务的，不是自己圈里自娱自乐、自己赚钱的。

（摘自 2013 年 6 月 21 日《人民日报》，谢卫群采访整理）

另一种观点认为，互联网金融与传统金融的区别主要在于对互联网技术应用程度的不同，并不存在严格的界限。互联网金融依然是各方的跨期价值、信用的交换。互联网的出现，改变了金融交易的范围、人数、金额和环境，但没有改变金融交易的本质，没有超越现有金融体系的范畴。就好比有了京东商城、当当网之后，电器、衣服、书籍从制造商到消费者之间的商业渠道发生了变化，许多物理商店变得多余。然而，电器还是电器，衣服还是衣服，书籍还是书籍，商品不会因为其渠道的变革而成为非商品或超商品（陈志武，2014a）。互联网金融是金融业务与互联网技术长期融合，发展到特定阶段的产物（阎庆民，2014）。互联网金融并非是对传统金融简单的取代，而是技术与金融深度的融合（牛锡明，2013）。传统银行相当部分业务是通过互联网技术来发展，比如客户支付结算、转账、查询个人账户，根本不需要到营业点，直接在网上办理。对于余额宝、支付宝、P2P 等业务，银行完全也可以通过自己的网络来做。互联网技术和传统银行的深度融合，是大势所趋，今后整个金融都可以称作互联网金融（白鹤祥，2014）。传统金融与互联网金融之间没有根本的对立，最本质的关系是优势互补。传统银行只有与互联网金融深度融合，才能创造自己（马蔚华，2014）。互联网金融与传统金融不完全是竞争关系，在更大的程度上还有融合空间，是相互补充的关系。互联网金融与传统金融的合作可以提高服务效率（曾刚，2012）。

专栏2　互联网金融与传统金融最大的差异

中国社会科学院金融研究所银行研究室主任曾刚在接受《金融时报》记者采访时，谈及互联网金融与传统金融的关系。主要观点如下：

就目前而言，互联网金融与传统金融最大的差异，在于两者客户对象的不同。服务于小额、分散的金融需求是互联网金融的主要特征。在这一领域中，各类金融服务需求旺盛，但传统金融机构却不能（或不愿意）提供相应的服务。而互联网金融却可以依靠其平台在信息收集、风险识别和控制等方面的优势，降低金融交易成本，进而使更为普遍的金融服务成为可能。从这点来看，现有的互联网金融（无论是第三方支付、P2P 网络信贷还是众筹，等等）的主要客户大都游离在传统金融机构服务之外，其发展并没有带来对银行现有客户和业务的直接竞争，而且，其发展规模与传统金融（特别是银行业）也不可同日而语。当然，从长远来看，随着互联网金融的不断成长壮大，潜在的竞争威胁依然不可忽视。

虽然互联网金融对传统金融会产生一定威胁，但两者之间也有较大的合作共赢空间，一方面，商业银行可以吸收、应用互联网金融的技术和组织模式，以实现自身的转型与调整。目前，一些商业银行已开始了积极的尝试，如加快信息化、数据化建设，提高自身数据分析、处理能力以及试水电商平台和直销银行，等等。另一方面，商业银行也在积极推动与互联网企业的合作（如京东商城的供应链金融，民生银行与阿里巴巴在直销银行方面的合作，等等），可以更好地贴近客户需求的变化，进一步提升自身的服务能力和服务效率。对互联网企业而言，这样的合作也能拓展对自身客户的服务范围，获取多元化的收入来源。

总体来看，通过与传统金融的竞争与合作，互联网金融的发展，势必会给金融业带来深刻的变化。至于这种变化是否是颠覆性的，目前尚难定论，但不管怎样，金融服务的普遍性以及金融效率都会因此而提高。

（摘自 2015 年 7 月 27 日《金融时报》）

二、互联网金融的去中心化和普惠性

一种观点认为，金融行业的分工和专业化被互联网及其相关软件技术弱化了，市场参与者更为大众化，互联网金融市场交易所引致的巨大效益更加普惠于普通百姓，复杂交易会大大简化，易于操作，人们都可以通过互联网进行各种金融交易和风险定价。因而，这是一种更为民主化而不是少数专业精英控制的金融模式（谢平，2012c）。互联网金融并不是简单地把金融产品平移到互联网平台，其最大意义在于用先进的网络技术手段降低金融服务成本，改进服务效率，提高金融服务的覆盖面和可获得性，突破空间局限，灵活地服务于广大时空范围的消费者，使边远贫困地区、小微企业和低收入人群能够获得价格合理、方便快捷的金融服务。因而，这是一种普惠的金融模式（陈东升，2014；曹凤岐，2014）。

另一种观点认为，去中心化趋势在标准化金融产品上较易发生，但对于非标准化产品、个性化产品则较为困难。越是高端和个性化的金融服务，越是难以实现去中心化。互联网金融主打的概念之一便是普惠金融。老年人群、教育程度较低人群和通信设施欠发达地区的人群均是普惠金融更应该关注的，只有互联网金融能够从当前的特定人群走向更广泛的人群，才能在实现普惠金融中发挥更大作用（廖岷，2014）。当然，互联网金融之所以呈现出普惠特征，其实不过是让一些本来没有还款能力的人得到贷款，这更近于民粹主义（李剑阁，2014）。

三、互联网金融的去中介化

一种观点认为，互联网金融的核心在于金融资源的交易可以在互联网上直接进行，而不需要通过金融中介，因此互联网金融存在去中介化的特征。资金数量的多少、个人的偏好和时间安排，都可通过互联网直接交换。这样，资金使用效率可以大幅提高，甚至没有闲置资金。而由于交易成本的消失或大大降低，互联网金融时代的市场资源配置存在达到瓦尔拉斯一般均衡的可能（谢平，2014d）。在过去，专业化加上牌照就等于可信任。而在互联网时代，专业化并不重要，一个 APP 软件就可以代替专业化。因此，专业加上牌照就等于可信任的模式完全有可能被颠覆。未来在互联网时代，信息披露应该遵守什么规则，主要是依据用户的点评，而不是专家的报告（初壮，2014）。在互联网平台上，小企业和个人也可以低成本地披露信息和获取信息，这就增加了零售客户参与直接金融交易的可能性，扩大了服务零售客户的范围，这正是互联网企业的优势所在。借助互联网的优势，金融的泛在性和普惠性得到了进一步的展现，金融变得触手可及，人人可以参与，甚至可以直接参与而无须借助任何金融机构的帮助。因此，金融机构存在的根基受到了影响和冲击，金融去中介化趋势明显，互联网一定程度上成为金融市场和金融交易的载体，金融机构的作用和收入会相对减少（王鹏虎，2014）。

另一种观点认为，互联网金融虽然可以降低金融交易的成本，但并不能完全破解信息不对称的难题。只要存在信息不对称问题，金融中介就不会消亡。互联网金融的出现和壮大，仅仅是在某些方面缓解了信息不对称问题，但在新的领域又制造了新的信息不对称问题。比如，互联网金融对数据分析、信息分析的需求会增加，对律师服务、投资顾问的需求会增加，对担保机构、评估师的需求也会增加（张承惠，2014）。互联网平台虽然能带来便利，但却不利于增强信任，尤其对于缺乏诚信、看重人情、太认关系的中国人来说，面对面的交流、有坚实建筑的传统金融机构是难以被根本取代的（陈志武，2014b）。互联网企业没有自己的前台，必须通过商业银行完成他们的融资、支付和投资功能。互联网企业销售的是传统金融机构的产品，需要传统金融机构已经搭建好的银行支付结算体系、财富管理体系以及银行理财、信托、基金等各项产品的支持，没有传统金融机构的配合，互联网金融将是无源之水、无本之木（易会满，2014；董文标，2014a；郑新林，2014）。

四、互联网金融的影响

一种观点认为，互联网金融使得金融的信息成本大大下降，对于传统银行业来说，互联网金融带来的压力和动力，对其自身的发展有着非常积极的意义（吴敬琏，2014；樊纲，2014）。互联网金融的直接影响是冲击了银行的职能端、负债端、客户端和盈利端：在职能端，第三方支付、网络贷款平台冲击了银行的资金融通和支付结算；在负债端，网络理财产品导致银行存款外流；在客户端，互联网企业拓展到融资、理财等银行核心业务领域；在盈利端，互联网金融冲击了利差收入、银行理财收入、基金代销手续费收入等。互联网金融更深层次、更实质性的挑战，则体现在冲击银行依靠信息不对称来赚取中介费用的商业模式，并在客户体验至上、开放包容、平等普惠等方面冲击银行的思维方式（马蔚华，2014）。互联网金融的发展趋势不可逆转，其所具有的低成本优势、信息流整合、信息共享和快捷高效率，将对传统金融业态带来深刻挑战（吴晓求，2014）。

专栏3　互联网＋金融，普惠金融梦想成真

2015年3月，阿里研究院发布《"互联网＋"研究报告》，分析了互联网金融带来的深刻影响。主要观点如下：

一、互联网金融填补了市场空缺

从理论上看，在达到帕累托最优之前都有一个帕累托改进过程。互联网＋金融创新完全符合帕累托改进的情形——在不损害传统金融机构及市场参与者利益的同时，给至少一个市场参与者带来增量利益。互联网＋金融可以减少信息不对称，降低金融服务成本，提升金融服务效率，从而填补缺失市场。

波士顿咨询（BCG）2013年全球消费者信心调查显示，由于投资渠道缺乏，超过30%的中国消费者会将收入的20%以上投入储蓄，这一数字在其他国家往往不到10%。这些庞大的、未能在传统金融行业中得到充分满足的需求，构成了"中国特色"的金融抑制，也成了激发互联网＋金融发展的原动力。如果将中国6亿网民按收入水平和网络金融接受程度划分，传统金融机构关注家庭月收入1万元以上的6000多万客户，余额宝服务的主要目标人群是家庭月收入1万元以下、对网络金融接受度较高的近2亿客户。

互联网金融模式下，服务边界不断拓展，服务人群将包括3.6亿尚未被互联网金融覆盖的长尾互联网用户，以及迅速增长的农村手机上网用户。随着互联网＋金融发展的不断深化，金融服务边界的拓展将不再局限于服务的人群，金融业场景也将不断丰富。金融不再像工业时代以企业为中心，以生产为中心，而开始以普通消费者为中心，金融服务和产品深度嵌入人们的日常生活。例如，利用快的、滴滴等打车软件，直接通过手机支付并分享红包。正如Brett King的"Bank 3.0"一书所说，"银行不再是你前往的一个地方，而是你使用的一种服务"。

二、互联网金融激活了金融体系

中国金融改革还在路上，整个体系资源配置、支付、风险管控等方面的功能还未充分发挥。互联网＋金融将互联网技术和金融基本功能结合，将对提升传统体系效率，改善金融生态，使金融更好地服务实体经济起到重要作用。

第一，互联网金融将更有效地配置相对稀缺的金融资源。传统信贷模式下，银行对小微企业的贷款成本高。一笔10万元小微企业信贷与一笔1亿元大企业信贷的流程和操作成本相差无几，但前者的利率远低于后者。因此，商业银行普遍缺乏对小微企业放贷的积极性。解决小微企业融资难的问题，不能简单依靠传统金融的增量，必须依靠全新的信贷理念、信贷模式。基于互联网小额融资平台增量，包括P2P网络借贷平台、众筹、阿里小贷等新型业务模式为小微企业融资拓展了新渠道，也改善了融资服务体验，降低了操作成本，缩短了贷款链条。相比传统模式下一笔贷款的发放周期在一两个月甚至更久，阿里小贷针对淘宝卖家的贷款具有"3－0"特征：3分钟完成在线申请；0人工干预，整个流程实现全自动。互联网＋金融将资源配置效率推到了全新高度，在降低金融机构交易成本的同时，也降低了企业的时间成本，在这个高速运转的后工业社会中，为各方参与者争取了更多宝贵时间。

第二，互联网金融将完善支付清算体系。基于互联网技术的现代化支付体系克服了时空约束，加快资金流动速度，有助于提升支付体系的功能。同时，互联网＋金融的支付方式将进一步促进去现金化。无论从理论上还是实践上看，现金使用越多，支付效率越低，现金的使用将使银行被动地增加柜面和自动现金处理设备，商户必须频繁到银行办理存款，中央也不得不印制和回笼大量纸币，企业、个人及央行的支付成本都因此增加。互联网支付有助于降低社会交易成本，降低金融体系的风险。

第三，互联网金融将推动征信系统的发展。征信系统具有巨大的经济和社会价值。清华大学《征信系统对中国经济影响研究》报告称，2012年征信系统拉动中国GDP增长0.33%。如果按照中国经济增长1个百分点促进130万人就业的话，征信系统在2012年直接增加40多万人就业。互联网金融企业已经在征信方面做了大量有益尝试，阿里巴巴集团为3亿实名制用户建立了互联网征信档案，并广泛应用到各条业务线，支撑起了万亿级的电商交易规模。2014年，该公司推出的芝麻信用业务，将对我国单一依靠央行的征信体系起到有益的补充。

第四，互联网＋金融将完善我国的价格发现功能。互联网创造的无边界平台为众多商家和消费者以及商家之间的竞价提供了最优机制。在这种透明的价格形成机制下，资金更及时、准确地反映供求关系，进而引导资金的合理流动。同时，互联网＋金融将有助于推动利率市场化改革，增强现有金融体系的价格发现能力。

三、互联网金融更好地服务实体经济

相比于传统金融脱胎于保管和支付业务，互联网从实体经济而来，有着更好的实体经济基因。从服务对象看，互联网金融更多地服务于中小微企业和创业企业。而创业企业的风险系数与一般企业是截然不同的。一般企业面临的风险是可持续经营和成本控制，创业企业更像是二进制的电脑程序，1代表成功，0代表失败，失败的代价是极为高昂的，传统金融必然无法有效支撑，所以才产生了风险投资。而互联网能比风险投资更好地适应创业企业的需求。从经济角度看，大量的创业企业是经济活力的源泉，也是国民经济竞争力的保证。互联网金融与该类企业的结合，既帮助创业企业发展，也帮助互联网金融企业思考战略产品。从宏观方面看，现行的全球经济体系是高度跨区域、跨时期分布的，传统金融的资源配置方式存在极限问题，即使是国际金融中心远期市场也无法完全解决资源的跨时期、跨区域配置问题。互联网金融无地域、无物理网点的网状分散式分布特征可以推动该问题得到解决。

四、互联网金融的广阔前景

互联网金融的未来，或者说整个行业都源自实体经济，要以实体经济为本，更深入地说是靠人来发展金融，实现"从实体经济中来，到实体经济中去"的闭环。不久的将来，互联网＋金融会向着人人金融演变，实现随时随地都有银行跟随的理想。个人金融的低级表现是所有的金融数据和资产可通过统一入口、账号界面得到全面管理。用户所需要的各种金融服务都围绕这个统一入口展开。随着技术的进步和数据积累，统一账户入口场景应用会进一步融合，通过复杂的算法和模块化金融工具组合，实现随身服务，在任何地点、任何时间获取金融咨询和金融资源。这种"人本金融"才是整个金融行业的未来，而互联网＋金融必然是其中的先行者！

另一种观点认为，无论从渠道还是规模来说，互联网金融还不会对传统银行业造成太大威胁。互联网金融业务具有小额、快捷、便利的特征，因而具有显著的包容性，解决了许多传统金融体系不能很好解决的问题。互联网金融与传统金融体系相互渗透，相互促进，相得益彰，共同构成广义的金融体系（刘士余，2013a；马蔚华，2014）。互联网企业目前所做的，并非是抢传统金融机构的饭碗，而是实现需求对接，重塑部分农村地区、

中小微企业的生存环境，填补了一些商业银行难以顾及的领域，去服务传统金融机构所无法顾及的人群，去做商业银行没做好的一个市场（蒋超良，2014）。互联网企业目前做到的，传统银行也可以做到（王洪章，2013）。银行利用已掌握的客户信息、支付信息、融资信息，把资金流、物流、信息流三流整合，也能创造出新型的互联网金融（姜建清，2013）。互联网对银行功能的取代，主要体现在技术层面，若要真正颠覆商业银行，还受制于诸多其他因素：首先，银行体系作为现代市场经济的核心，在市场调节和政策传导方面发挥着重要的基础性作用；其次，银行体系作为建立健全社会信用体系的中枢，在保障社会安全性方面发挥着关键的作用；最后，在大额信贷业务集成式金融解决方案方面，银行体系仍然拥有互联网金融模式难以企及的优势（牛锡明，2013）。不要担心传统银行成了末代恐龙，那是"忽悠"的（董文标，2014b）。传统金融机构的比较优势集中体现在高度的专业性、较高的感知价值、对冲风险的能力、雄厚的资本实力以及线下客户的垄断、大额贷款、个性化财富管理、投资咨询、资源储备等方面（吴晓求，2014）。而互联网金融主要是服务于"屌丝"人群，因而无法革银行的命，只能做银行不乐意做的业务（刘强东，2014）。从目前发展状况看，互联网金融对传统金融不具有实质上的颠覆性和替代性，更多的是一种补充和完善（胡滨，2014）。互联网金融并没有改变金融本身的使命和功能：金融仍是经济活动中的衍生品，其使命仍是服务实体经济以及为客户创造价值，其核心功能仍是资源配置、支付清算、管理风险、价格发现等。因此，与其说互联网金融是颠覆，不如说是革新（邓俊豪、张越、何大勇，2014a）。互联网金融在中国的重要性被大大夸大了，当然互联网金融对于更加包容性增长来说是一件好事，对于放松管制来说更是一件好事，而且把过度监管的成本暴露在社会面前（陈志武，2014c）。

专栏4　互联网金融不是颠覆者

中国社会科学院金融研究所副所长胡滨、副研究员郑联盛撰文指出，互联网金融正以其独特的经营模式和价值创造方式，影响着传统金融业务，逐步成为整个金融生态体系中不可忽视的新型业态。主要观点如下：

一、互联网金融在相关领域的影响较为有限

互联网金融对传统金融不具有实质上的颠覆性和替代性，更多是一种补充性和完善性的金融业务，中国金融体系的实质性影响整体是有限的。一是传统金融业务互联网化方面，互联网技术更多是支持、融合、弥补作用，而非替代作用。只是部分创新业务对传统金融具有替代性或带来跨界冲击，比如余额宝。二是在支付清算领域，第三方支付和移动支付占支付体系约1.7%，对传统支付体系的影响整体有限。第三方支付对传统支付体系具有替代性，但对金融体系基础设施完善整体却是一种有益补充。三是在网络贷款领域，2013年人人贷规模略超600亿元，在社会融资体系中的作用十分有限。四是众筹规模极其有限，基本是一个理念"炒作"。五是虚拟货币对中国金融体系基本没有影响。六是互联网金融业务最具有影响力的领域是互联网货币基金，即以余额宝为代表的"宝宝们"，主要在于跨界影响银行部门的活期存款和协议存款。

二、长期看将深刻影响银行部门

互联网金融作为金融脱媒的典型代表，将使得支付清算、资金流动、金融产品和市场格局发生一定程度的变化，最为直接的影响对象是传统金融部门，特别是银行部门。短期内，由于中国仍然是银行主导的金融体系，互联网金融的直接冲击整体较小，但长期而言，互联网金融可能全面深刻地影响银行部门。首先，第三方支付不仅影响银行的服务渠道，最终可能与银行在信用创造和融资服务上直接竞争。其次，银行业面临着金融体系"资本性"脱媒和互联网"技术性"脱媒的双重冲击。再次，银行目前遭受互联网金融业务发展最为直接的压力是存款吸收能力下降及存款成本上升。最后，互联网金融可能深刻改变银行服务思维及经营模式。

三、"第三模式"对金融体系的影响

互联网金融作为新兴的一种金融业务模式，甚至被称为第三种金融业态，其演进和发展必将导致整个金融体系主体、结构、市场、产品和风险分布等的变化，互联网金融对金融创新、金融要素市场化、金融服务思维与模式，以至于货币政策等都可能会有一定程度的影响。但是，这些多元化和综合性的影响仍然是十分有限且初步的。一是互联网金融一定程度上将加速金融体系的创新步伐。比如，余额宝推出之后，绝大部分国有商业银行、股份制银行都推出了相似的具有创新意义的竞争性产品。二是互联网金融有利于传统金融行业的加速转型。以银行为例，互联网金融改变了

银行独占资金支付的格局，互联网技术改变并动摇了银行的传统客户基础，互联网金融改变了银行传统信贷单一的信贷供给的格局。三是互联网金融将加速利率市场化步伐，有效推进金融要素市场化。余额宝相当于加速了存款端的利率市场化水平，而存款利率市场化是利率市场化改革最核心以及最难的环节之一。四是互联网金融将加速金融子行业之间以及金融与其他行业之间的融合，金融体系横向综合化和纵向专业化的趋势将更加明显。五是互联网金融可能对货币政策框架造成一定的影响，但目前极为有限。

四、对互联网金融应规范引导、适度监管

互联网金融监管应该是以包容、鼓励、规范互联网金融长期可持续发展作为基础原则，鼓励发展与风险防范相结合。在防范互联网金融自身的特定风险之外，更要防范互联网金融对传统金融体系的风险外溢效应，守住不发生区域性和系统性风险的底线。要防范混业经营模式与分业监管模式的制度性错配，保护消费者权益，维护信息安全。

（摘自 2014 年 7 月 4 日《上海证券报》）

五、互联网金融的监管尺度

一种观点认为，由于互联网金融创新和传统金融创新的逻辑和路径不一样，因此，对互联网金融的监管要区别于传统金融（谢平，2014e）。对互联网金融应进行差别化监管。对有实体交易支撑、发展前景广阔、风险相对较小的基于互联网商业的互联网金融业态，监管部门应坚持"交易先于制度"的原则，给予更大限度的容忍度，也应尽可能多地提供一些软硬件便利条件。但对另一些寻租性甚至投机性、风险较大、同业竞争无序、没有真实商业交易数据支撑的所谓互联网金融创新，应该尽快制定严格的监管规范，保证互联网金融市场健康发展（黄志凌，2014）。关于互联网金融监管，一是要有海纳百川的胸怀，尊重市场，呵护创新。"试玉要烧三日满"，从监管部门的角度看，对互联网金融进行评价，目前尚缺乏足够的时间和数据支持，因此要留出一定的观察期。二是要因时制宜，因事制宜，不搞"一刀切"。监管要着眼于具体业态的发展状况，要体现出灵活性和针对性，要能够自我调整和自我完善。具体来说，对于市场规模相对较大、主要风险基本暴露的业态，监管部门应当进行规范和引导。三是要处理好行政监管和行业自律的关系。积极的行业自律，是推动互联网金融行业健康发展的重要保障。四是要严守"底线思维"，坚决打击违法犯罪活动（刘士余，2014b）。对于互联网金融应分类监管、区别对待：一旦涉及社会公众利益，就应该有牌照，并按牌照严格管理，其他的可以适度管理、区别对待（吴晓灵，2014）。

另一种观点认为，无论是互联网金融，还是传统金融，其基本原理并无不同，因此，对它们的监管要一视同仁，不能以"拳击的规则来踢足球"（李剑阁，2014）。互联网金融企业推出的相关产品到了中介机构最终有两个去向，一个是委托银行做资产管理，另一个是拆借给有需要的商业银行。互联网金融产品高息吸金带来的最终结果是减少了银行低成本获取资金的来源，倒逼银行提高利率揽储，从而推高全社会融资成本。既然互联网金融平台变成了金融机构，就得按照金融机构的准入条件监管，减少套利机会，在市场准入、持牌经营和严格监管方面与传统银行进行公平竞争，给银行创造一个公平的交易环境（张建国，2014；阎庆民，2014）。互联网金融需要规范发展，整个行业需要自律监管。国家什么时候以什么方式把它纳入监管，是一个趋势，是必然的（霍学文，2013）。余额宝是趴在银行身上的"吸血鬼"，是"金融寄生虫"，没有经过经营风险便获得暴利（钮文新，2014）。从维护公平竞争的金融市场秩序与国家金融安全考虑，应将余额宝等互联网金融货币基金存放银行的存款纳入一般性存款管理，不作为同业存款，按规定缴纳存款准备金（李礼辉，2014）。

专栏5　互联网金融发展需要更好监管

中国社会科学院副院长李扬2014年9月17日在"2014期货经营机构创新发展研讨会"上就互联网金融发展和监管问题发表了演讲。主要观点如下。

发达经济体没有互联网金融这个概念和理论框架。研究互联网金融要从中国经济的过渡性特征入手。互联网金融不是在一个成熟的经济体和金融体系生长的工具，要基于这样的现实来分析互联网金融的发展，确定应对的措施，这才是正确的路径。

互联网金融是依托于海量的数据积累以及强大的数据处理能力，通过互联网平台提供信贷、融资、支付一系列金融中介服务。可以从技术和金融两端来认识互联网金融，技术一端是以互联网为载体做金融，可以提高效率；金融这一端，是货币市场基金或者其他的基金，它使资源配置与互联网支付功能有效结合。所以，狭义的互联网金融就是货币市场基金加小额贷款。

美国的货币市场基金发展是银行中的钱向市场中去，在这个过程中完成了利率市场化，直接融资也发展起来。中国的货币市场基金发展是钱从银行中来，经过市场回到银行中去。互联网金融以及影子银行最后占的都是银行的市场，事实上强化了间接融资，而没有促进直接融资发展。当局的监管举措加剧了这种逆势转化的过程。所谓互联网金融百分之八九十做什么事呢，就是把银行的钱拿来，绕过了所有成本，没有合意贷款规模限制，没有资本充足率限制，没有利率上限限制，很自由。反过来，正规金融体系成本太高。

金融90%多的收入来自信息业，而互联网金融就是从信息层面入手，改造传统金融。我们知道，传统金融机构只能靠一些结构化数据，大量非结构化数据用不了，即使拿来也是一堆垃圾。互联网金融改变了这一切，互联网金融用的是大量非结构化数据，包括性别、年龄、身份、地址等，这些东西都是有价值的，通过计算能够找到信用特征，能够构成发放信用贷款的根据。中国90%的贷款是抵押和担保，所以中国传统银行体系就是一个大账目，怎么会贷款不难呢？互联网金融打破了这样的局面，能够找到可以信赖的、反映客户数据的信息，有一套收集、处理、计算、分配系统，使信息成本大幅下降，风险管理效率提高。互联网金融之所以产生这么大的影响，是因为在信息收集、处理、计算、分配上比传统金融更有优势。很多普惠金融在互联网金融平台上做到了，在传统体制下怎么能给农民发贷款呢？所以，大量基于互联网的普惠金融有了成功的拓展。

互联网金融是各种金融功能的总成，包括支付、清算、定价、交易、成本、贷款、货币等，都在这个平台上得以整合和总成，它的发展是不可遏制的。这就需要采取正确的政策应对互联网金融面临的挑战。

第一，进一步推动利率市场化。不要等着存款上限的突破，而要让产品交易起来。美国让产品货币市场基金化，我觉得类似的过程应当在中国发生，应当鼓励这样的事情。从银行这一端着手，扩大银行的经营范围，以存款基金化为抓手，促进存款利率市场。

第二，在混业经营的框架下发展直接融资，不是在间接融资框架下发展直接融资。现在主要的抓手，应当支持混业金融产品，鼓励创造大量新的互联网经营交易产品。我们的监管层面还是分业监管，但在产品层面已经大规模混业，市场走在监管前面，所以应顺应市场发展，推进监管现代化。

第三，支付清算机制市场化。互联网金融最早是支付清算，这是传统银行体系的命根子。但是，互联网金融从命根子上入手，支付清算、第三方支付应当放开。

第四，对互联网金融要监管。但不是更强的监管，而是更好的监管。美国新的金融管理法在通过之前大家都议论是史上最严格的，回归了30年前的分业。最后通过之后，大家发现无非是提高透明度，为第三方交易对手提供一些保证金。也就是信息披露，明确风险责任，而不是限制业务发展。今天，我们应当借鉴美国经验，走市场化道路。

中国金融业改革面临十字路口，这么多年经济增长非常快，"水漫金山"。现在"水落石出"，什么问题都出来了，这个时候一些体制机制性问题必须解决，包括监管理念的调整。如果不解决，未来的发展是非常堪忧的，如果能够解决，那是很光明的。相信中国金融业一定会沿着市场化路径走下去。

仁者见仁，智者见智。总的来看，由于互联网金融起步时间不长，各方面看待问题的角度和侧重点也不一样，争鸣在所难免。真理越辩越明。来自各个方面的观点充分交流，必将碰撞出智慧的火花，照亮互联网金融健康发展之路。

第三章　互联网金融为什么
在中国异军突起

考察互联网金融的竞争力，首要的是要认清其成因。互联网金融的火爆为什么没有出现在科技和金融都十分先进的发达国家，而在我国后来居上？这种现象的产生绝非偶然，是多种因素共同作用的结果。

第一节　技术进步推动

从根本上讲，技术进步是互联网金融发展的动力之源。互联网商业应用 20 年来，技术更新迭代一直很快。2008 年国际金融危机以来，互联网技术创新步伐不仅没有放慢，反而在加快。比较有代表性的技术有三个：一是以苹果推出 IOS① 智能手机操作系统为标志，开启了移动互联网时代。2012 年全球移动互联网用户首次超过固定上网用户，2013 年智能手机出货量首次超过功能手机，全球移动数据流量占全部流量的比重由 2008 年的 12％ 提高到 2013 年的 24.8％。二是云计算技术日渐成熟，基于云平台的新应用、新业态不断涌现。越来越多的互联网初创企业将云服务作为首选的 IT 基础设施，政府部门也在探索利用云服务开展电子政务建设。三是大数据技术进入实际应用阶段。大数据技术具有强大的非结构

---

① IOS 是由苹果公司开发的移动操作系统。苹果公司最早于 2007 年 1 月 9 日的 Macworld 大会上公布这个系统，最初是设计给 iPhone 使用的，后来陆续套用到 iPod Touch、iPad 以及 Apple TV 等产品上。IOS 与苹果的 Mac OS X 操作系统一样，也是以 Darwin 为基础的，同样属于类 Unix 的商业操作系统。原本这个系统名为 iPhone OS，由于 iPad、iPhone、iPod Touch 都使用 iPhone OS，2010 年改名为 IOS。

化数据分析处理能力，能够有效整合多类数据源，处理超大体量、结构多样、时效性强的数据，应用于精准匹配、优化业务流程、辅助决策等多个场景。美国提出"工业互联网"、德国提出"工业4.0"，大数据都是其中关键的要素。

近年来，我国互联网快速普及，为互联网金融的兴起提供了庞大而坚实的网络、终端、用户和应用基础。据工业和信息化部发布的数据，截至2015年6月底，我国移动电话用户达12.9亿户，移动宽带用户达6.7亿户，4G用户达2.3亿户，已成为全球最大的移动互联网市场。腾讯云开放平台的创业者达500万人。百度、阿里等公司的大数据服务器集群达5000~10000台，数据存储能力达200~1000拍字节①（PB，1PB = 1024TB）。

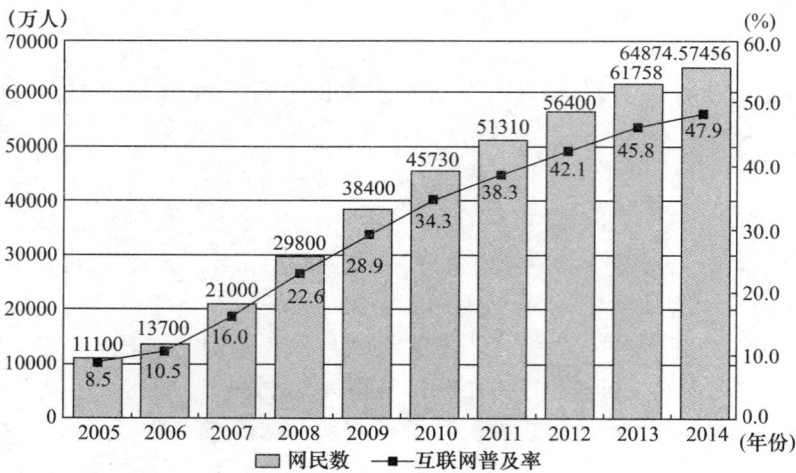

图 3 - 1　中国网民规模增长情况

资料来源：中国信息通信研究院政策与经济研究所。

---

① 字节（Byte）是计算机信息技术用于计量存储容量和传输容量的一种计量单位，一个字节等于8位二进制数，在 UTF - 8 编码中，一个英文字符等于一个字节，一个中文汉字等于两个字节，在 Unicode 编码中，一个英文字母等于一个字节，一个中文汉字等于两个字节。换算关系为：1KB = 1024B，1MB = 1024KB，1GB = 1024MB，1TB = 1024GB，1PB = 1024TB。

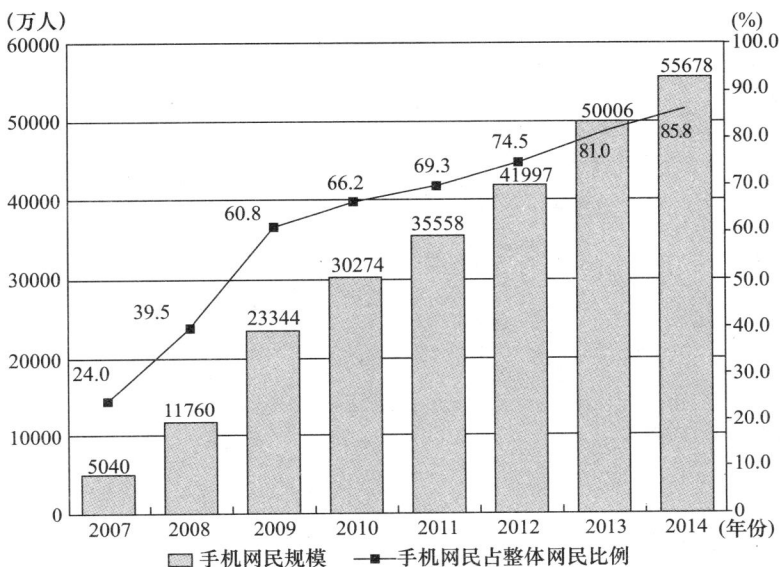

图 3 - 2　中国手机网民规模增长情况

资料来源：中国信息通信研究院政策与经济研究所。

在上述背景下，互联网作为泛在性、通用性、开放性的基础设施，与金融相融合，产生了有别于传统金融的互联网金融。其主要特征如下：一是更好的用户体验。如同傻瓜相机一样，互联网金融产品界面直观，操作简便，时延短，成功率高。比如，2014 年 11 月 11 日（"双十一"），支付宝成功支付 2.78 亿笔，最高每分钟 285 万笔，每单平均支付时间为 5 秒，远低于网银平均 1 分钟的支付时间，支付成功率达 99.9%。二是后向收费。一些互联网金融服务并非从每笔业务中获利，而是通过免费服务积累用户资源，赚取广告费和增值服务费。业界有个形象的说法，"羊毛出在狼身上"。三是规模效应。依托庞大的互联网用户群体以及社交网络的口口相传，迅速打开市场。如余额宝推出半年，就吸引了 8000 万用户，跃居国内第一大货币市场基金。四是长尾效应①。互联网金融能够更加贴近用户需求，边际成本低，使过去无人问津的小众、零散、个性化的金融业务有利可图。这些特性使得互联网金融具有了传统金融难以比拟的优势。

表3-1　"双十一"网络购物及支付情况

年份	2012	2013	2014
交易额（亿元）	191	362	571
订单（亿笔）	1.06	1.88	2.78
每分钟最高交易（万笔）	20	79	285

资料来源：阿里研究院。

---

① 长尾效应，英文名称 Long Tail Effect。2004 年 10 月，美国《连线》杂志主编克里斯·安德森（Chris Anderson）在他的文章中第一次提出长尾（Long Tail）理论。他在研究了歌曲下载、书籍销售等产品的需求量特点后发现，在互联网经济中，商业和文化的未来不在热门产品，不在传统需求曲线的头部，而在于需求曲线中那条无穷长的尾巴。从需求的角度来看，大多数的需求会集中在头部，而这部分我们可以称之为流行，而分布在尾部的需求是个性化、零散、小量的需求，在需求曲线上面形成一条长长的"尾巴"。所谓长尾效应，就是所有非流行市场累加起来，会形成一个比流行市场还大的市场。

长尾效应强调"个性化"、"客户力量"和"小利润大市场"，也就是要赚很少的钱，但是要赚很多人的钱。长尾理论改变了基于"二八法则"的不少认识，过去的"不值得投入"会变得"值得投入"，过去的"不值得卖"会变得"值得卖"，过去的"不值得关心"会变得"值得关心"。也就是说，原来 20% 的关键客户已经不能带给我们 80% 的销售收入，原来 20% 的主流商品也已经不能带给我们 80% 的销售收入。长尾效应产生的根本原因，在于互联网极大地降低了社会经济活动的边际成本，消除了经济活动的空间限制，使个性化的小众需求得到有效满足。

事实上，中国电子商务以及互联网金融的兴起，都是长尾效应的具体体现。以余额宝为例，根据波士顿咨询的分析，中国传统金融机构关注的是家庭月收入 1 万元以上的 6000 多万客户，而余额宝的主要服务对象是家庭月收入 1 万元以下的客户。这些客户就是对互联网接受程度较高而不被传统金融机构重视的近 2 亿长尾客户。

将中国互联网用户通过两个维度切分并测算规模
(2013年数据)

客户潜力 (按家庭月收入计算)	传统金融机构关注客户		
>1万元	2890万人	1380万人	2070万人
6000~1万元	4720万人	2100万人	3160万人
4000~6000元	6490万人	2860万人	4290万人
<4000元	1.3亿人	7650万人	1.1亿人

无网银
互联网用户　　非活跃
网银用户　　活跃网银用户
（近三个月内曾
使用）

对电子渠道的接受程度

互联网
金融客户

余额宝平均余额:
≈5000元

2014年6月19日（上线一年）
余额宝用户数突破1亿人

2014年2月26日
余额宝用户数突破8100万人

2014年2月6日
余额宝用户数突破6100万人

2014年1月15日
余额宝用户数突破4900万人

2013年11月14日
余额宝用户数突破2900万人

2013年7月2日（上线第18天）
余额宝用户数超250万人

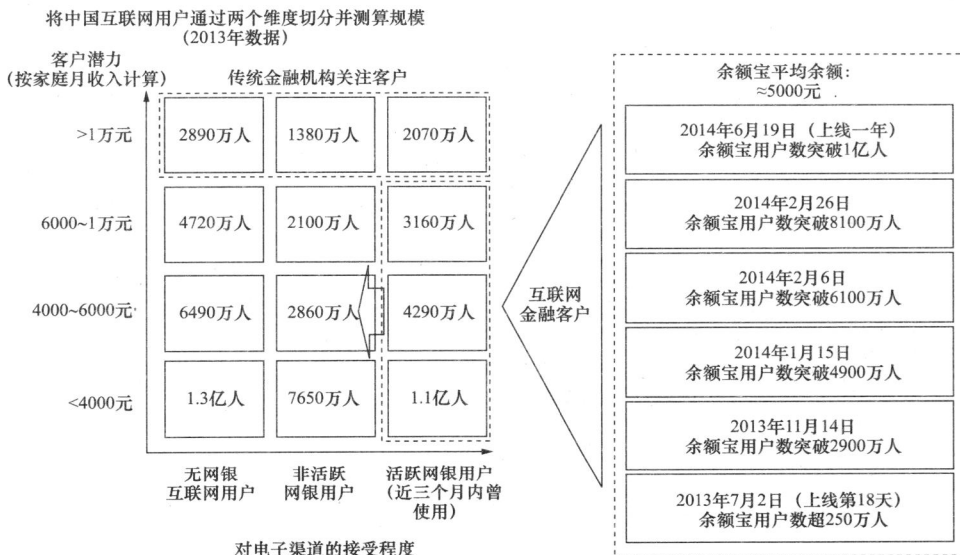

图 3 - 3　互联网金融客户分布

资料来源：波士顿咨询公司（BCG）。

第二节　电子商务催生

互联网金融可以说是应运而生，这个"运"就是电子商务。我国虽然在 20 世纪 90 年代就有了电子商务，但进入 21 世纪后才出现了快速发展的契机。一是"非典"打乱了正常的交易和商务活动，非接触的网络交易受到青睐。2003 年、2004 年，电子商务交易规模分别比上年增长 79.5% 和 214.3%。二是国际金融危机对我国出口造成严重冲击，很多企业被迫开拓国内市场，电子商务迎来新的发展黄金期。2009～2013 年，电子商务交易额增长率年均增长 32% 以上。2013 年，我国超过美国成为世界上第一大网络零售市场[①]。

[①] 据艾瑞研究统计，2013 年，中国和美国的网络零售额分别为 1.84 万亿元和 1.57 万亿元，中国超越美国居世界第一位。

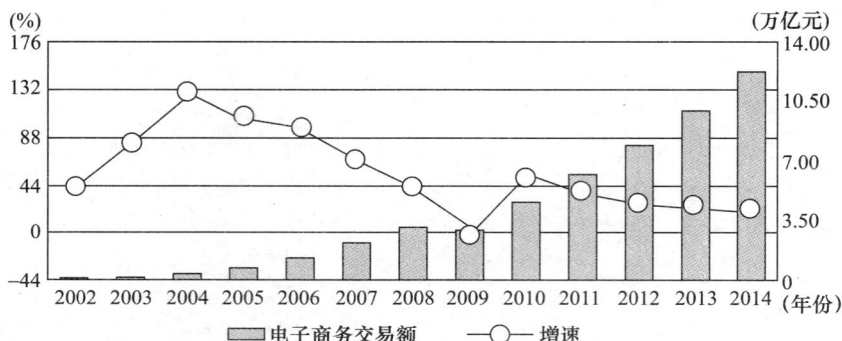

图3-4 中国电子商务发展情况

资料来源：艾瑞咨询。

网络支付作为互联网金融的最早形态，与电子商务发展的轨迹高度吻合。电子商务发展初期，尽管已经存在网络银行、第三方支付等形式，但跨行、小额使用不便利，往往通过银行汇款、邮局汇款解决支付问题。这种支付方式对于 B2B（企业之间的交易）大额交易不算太麻烦，但对于 B2C（企业与个人之间的交易）、C2C（个人之间的交易）等单笔只有几十元的小额交易很不便利，每笔手续费最少也有 5 元，还要付出大量的交通、排队等时间成本。更重要的是，付款后收不到货、收假货、货不对板①等问题频繁发生，网络诚信缺失一度成为制约电子商务发展的最大"瓶颈"。网络支付正是在这样的背景下倒逼而生。2003 年 10 月，阿里巴巴推出支付宝，给淘宝平台交易的飞跃式发展插上了翅膀。支付宝作为第三方交易平台，扮演了中间人角色，有效解决了支付、信用以及产品质量纠纷问题。其流程是：①买方拍下商品并付款给支付宝；②支付宝通知卖方发货；③买方收到货物确认付款；④支付宝将货款转给卖方。如果买卖双方以及物流任何一个环节出现问题，支付宝都会暂停付款，从而保障了买卖双方的权益。此后，快钱、银联在线、汇付天下等网络支付机构如雨后春笋般大量涌现。

----

① 货不对板，原指开发商所提供的精装修材料、材质和品牌与承诺不符，这是开发商最惯用的一种蒙人手段，现在泛指收到的货物或者商品与事先承诺的外观、材料、质量或品牌不符，也可指看到的真人与照片或网页等不符。

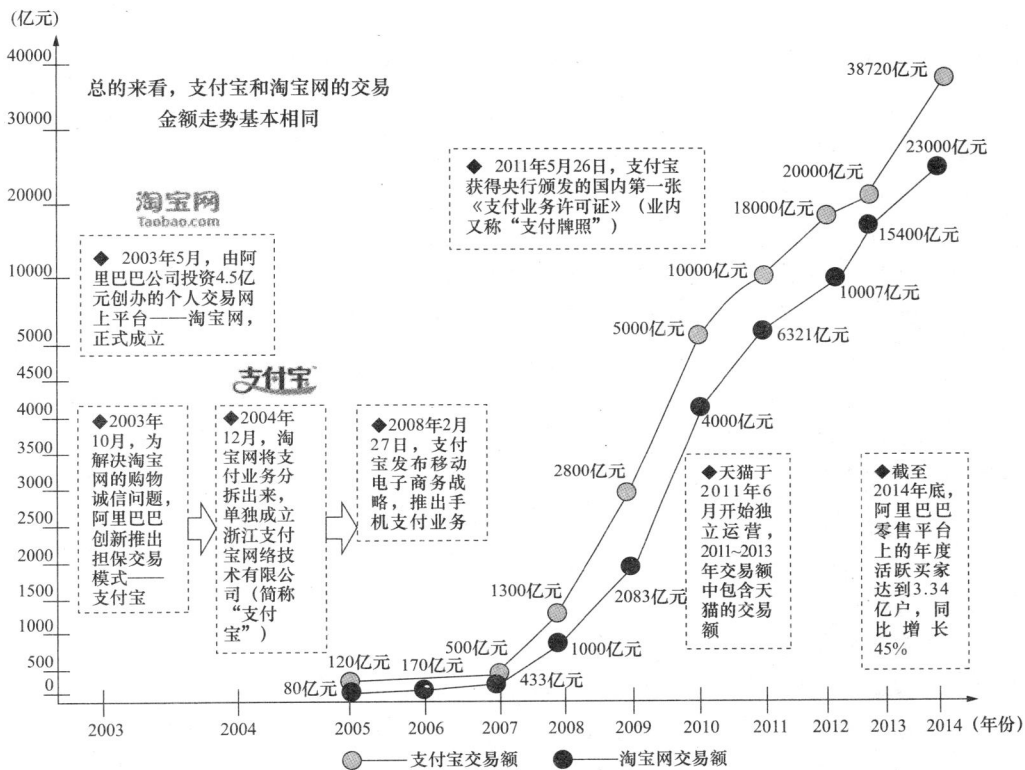

图3－5 支付宝与淘宝发展趋势比较

资料来源：蚂蚁金服。

除网络支付外，电子商务还派生了融资、理财等互联网金融产品。比如，阿里小贷基于支付宝积累的交易数据，建立客户授信体系，给网商提供了周转资金等信用贷款。再如，推出余额宝的初衷，很大程度上是为了打通支付宝沉淀资金的投资渠道。在此之前，支付宝的沉淀资金已达上百亿元，按照央行对第三方支付机构的监管规定，需要提交备付金10%以上的利息作为风险准备金。当然，余额宝受到追捧，还与其转账、支付、理财等在内的综合功能和高收益率有关。苏宁、京东、唯品会、华夏信融等互联网供应链金融，也是建立在电子商务基础之上的。如苏宁基于长期积累的供货商等关联企业的交易数据，与银行合作，成功为苏宁体系内各类供应商提供融资服务，规模达数百亿元，尤其是一些中小客户，年度融资笔数高达6次。

专栏6　余额宝发展概况

2013 年 6 月 13 日，阿里巴巴推出余额宝。2013 年 6 月底，天弘基金规模为 179.7 亿元，其中余额宝规模仅 42.4 亿元。

2013 年 9 月底，余额宝规模达到 557 亿元。

2014 年 1 月底，余额宝规模超过 2500 亿元，天弘基金规模跃居国内同行业第一位。

2014 年 3 月底，余额宝规模达到 5413 亿元。之后，余额宝规模稳定在 5000 亿~6000 亿元的水平。

余额宝推出一周年时，实现了全国 31 个省（自治区、直辖市，不包括台湾地区）2749 个县（区、市）全覆盖。从地区分布看，华东用户最多，占 34.7%，其他依次为：华中 21.4%，华北 11.2%，华南 10.7%，西南 9.8%，东北 7.1%，西北 5.2%。从省份看，排在前 10 位的是：江苏、广东、山东、河南、四川、浙江、湖北、安徽、河北、湖南。从城市看，排在前 3 位的是重庆、上海和温州。不仅内地用户多，边疆用户也不少。中国最北端的黑龙江省漠河县有 2686 名"宝粉"，最东端的黑龙江省抚远县有 7920 名"宝粉"，最南端的海南省三沙市有 3564 名"宝粉"，最西端的新疆维吾尔自治区乌恰县有 1487 名"宝粉"。从年龄分布看，余额宝用户以"80 后"、"90 后"为主，分别为 44% 和 32%。

2014 年 9 月底，余额宝用户达 1.49 亿人，占全国总人口的 1/9。其中，2014 年第三季度增加 2500 万户，增幅为 20%。余额宝用户呈现从一二线城市向三四线城市拓展的态势，第三季度一二线城市用户增长 14%，三四线城市用户增长 21%。第三季度余额宝消费额达 2068 亿元，比第二季度增长 53.16%。

截至 2014 年底，余额宝规模为 5789 亿元，稳居货币市场基金第一把交椅，比排名第二的华夏基金多出 2500 亿元。

2015 年 3 月底，余额宝规模为 7117 亿元，是华夏基金的 2.1 倍。

2015 年 6 月底，余额宝规模回落至 6133 亿元。主要原因：一是收益率持续下降，2015 年 6 月 30 日余额宝"七日年化收益率"跌至 3.483%，创历史新低。二是股市对余额宝的资金分流作用较大。

西北，5.2%

东北，7.1%

西南，9.8%

华南，10.7%

华北，11.2%

华中，21.4%

华东，34.7%

余额宝用户的区域分布

"60前"，2%

"60后"，6%

"90后"，32%

"70后"，16%

"80后"，44%

余额宝用户的年龄分布

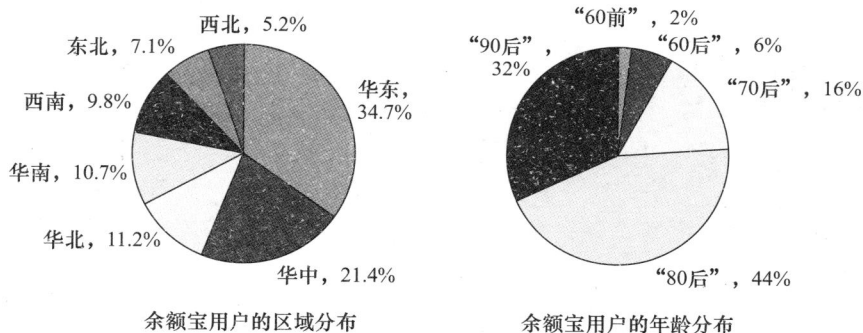

图 3 - 6　余额宝用户分布情况

资料来源：天弘基金。

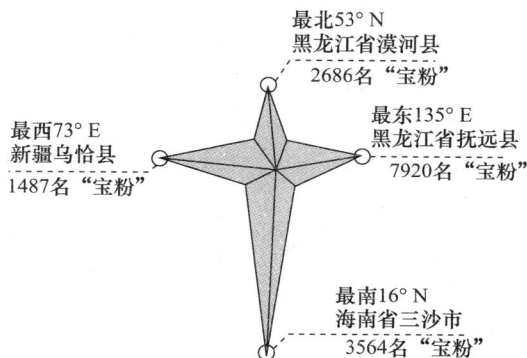

最北53° N
黑龙江省漠河县
2686名"宝粉"

最西73° E
新疆乌恰县
1487名"宝粉"

最东135° E
黑龙江省抚远县
7920名"宝粉"

最南16° N
海南省三沙市
3564名"宝粉"

图 3 - 7　余额宝用户遍布全国各地

第三节　有效供给不足

从金融发展规律看，旺盛的投融资需求是互联网金融发展的基础。当前，互联网金融的火爆没有出现在发达国家，与其拥有成熟的金融市场、丰富的金融产品、完善的金融体系密切相关。我国金融体系脱胎于高度集中的计划经济体制，经过 30 多年的改革开放，整个金融业发生了历史巨变。

但是，与日益增长的多样化投融资需求相比，现有的金融市场、产品和服务都还存在诸多不足。从融资看，大企业、国有企业无论从银行贷款还是上市、发债融资，都比较容易，并不差钱；而针对量大面广的小微企业、"三农"等薄弱环节的金融产品和服务十分短缺，融资难、融资贵问题突出。从投资看，股票、债券等市场规模有限，老百姓手中的余钱找不到合适的投资理财渠道和产品，尤其是缺乏零散、低门槛的理财服务，银行储蓄存款仍是不得已的选择。从金融服务覆盖面看，发达地区特别是大中城市金融网点密集，竞争激烈，而一些偏远农村特别是山区网点少，服务种类单一，一般只有简单的存取款服务，甚至还有空白。

互联网金融凭借其特有的草根性以及低门槛、小品种、个性化的金融服务，恰恰弥补了传统金融服务的不足。比如，P2P网络借贷通过线上信用分析、线上运营与第三方担保结合、线上线下结合等方式，突破了传统的地缘、人缘等熟人社会的限制，实现了陌生人之间的资金供需对接。据抽样调查，网络小额贷款平均授信额度4万元，网络借贷23.6万元，而农村信用社、农村商业银行、农村合作银行平均授信额度为54.3万元，城市商业银行88.8万元，小额贷款公司91.9万元。众筹通过网站展示标的，吸引拥有共同兴趣、需求的群体进行赞助、支持和投资，帮助初创企业或个人迅速获得低成本资金，投资者获得产品或服务等回报，如果项目失败则没有回报。在理财方面，余额宝具有鲜明的普惠特征，1元就能起投，而银行销售的货币市场基金一般以5万元起步。可以说，与传统金融"西装革履"不同，互联网金融穿的是"便装"，融入到寻常百姓特别是年轻一代日常生活的方方面面。

第四节　金融监管滞后

从新生事物发展的普遍规律看，通常会经历一个发育、成长、试错的过程，先发展后规范也在情理之中。互联网本身就是一个技术和业务创新异常活跃的领域，世界各国均面临如何有效监管互联网的难题。互联网金融跨界经营，监管难度更大。在中国人民银行等十部委发布《关于促进互联网金融健康发展的指导意见》之前，我国只对出现较早、行业规模较大的第三方支付业务实行牌照管理。除此之外，对于P2P网络借贷、网络小额贷款、众筹融资等业务，既没有准入门槛，也没有资本金要求。相比之下，村镇银行最低注册资本为 100 万元，金融租赁公司 1 亿元，消费金融公司 3 亿元，对发起人、从业资格等方面的要求更为严格。对于余额宝等网络理财产品，监管标准和要求低于证券基金公司、银行发行的理财产品。正是由于绝大多数互联网金融业务游走于无门槛、无标准、无监管的灰色地带，才使以互联网企业为代表的民间资本抓住了可乘之机，凭借网络和业务创新优势，迅速成为金融领域的新生力量。

表 3 - 2　互联网金融监管规定

部门	类型	发布时间	文件名称
央行	第三方支付	2010 年 6 月	《非金融机构支付服务管理办法》
		2010 年 12 月	《非金融机构支付服务管理办法实施细则》
		2011 年 6 月	《非金融机构支付服务业务系统检测认证管理规定》
		2015 年 7 月	《非银行支付机构网络支付业务管理办法（征求意见稿）》
银监会	网上银行	2006 年 3 月	《电子银行业务管理办法》
	小额贷款	2008 年 5 月	《关于小额贷款公司试点的指导意见》
		2009 年 6 月	《小额贷款公司改制设立村镇银行暂行规定》
证监会	互联网证券	2013 年 3 月	《证券投资基金销售机构通过第三方电子商务平台开展业务管理暂行规定》
	众筹融资	2014 年 12 月	《私募股权众筹融资管理办法（试行）》
保监会	互联网保险	2011 年 9 月	《保险代理、经纪公司互联网保险业务监管办法（试行）》
		2015 年 7 月	《互联网保险业务监管暂行办法》

还要看到，过去几年针对互联网金融的争议不断，市场普遍预期政府很快出台监管措施，抢座卡位的"末班车效应"比较明显。即便是互联网金融的领军企业，也在加快拓展业务。腾讯公司的滴滴打车和阿里巴巴公司的快的打车在营销环节曾投入 15 亿元，补贴出租车司机和乘客，最高时每单补贴 18 元，其目的就是绑定司乘双方支付账户，培养用户支付习惯，抢占用户入口，积累更多的用户资源，进而打造更具客户黏性的"杀手级"全业务平台。

第四章 互联网金融的竞争优势在哪里

作为互联网与金融融合的产物，互联网金融与传统金融有着扯不断的联系。评估互联网金融的竞争力，传统金融无疑是最好的参照物。两者相比较，互联网金融显示出一系列独特的竞争优势。

第一节 服务便捷

在传统金融模式下，只有到银行等营业网点和柜台才能办理金融业务，除了花费大量的时间和交通成本，受8小时营业时间的制约，有时还要排长队，缴纳各种费用，诟病较多。互联网金融突破了营业时间、现场审签等时空限制，服务半径、覆盖范围大大拓展，只要能上网，任何时间、地点都可以办理金融业务。比如，以余额宝为代表的网络货币基金，50%以上的交易发生在工作时间之外，将近20%的交易发生在凌晨12点至早上5点之间。以第三方支付和移动支付为例，这种业务模式不再仅限于电子商务交易，开始延伸到水电气缴费、信用卡还款、转账汇款以及代交交通罚款等各个领域。值得一提的是，传统的大型商业银行经过几十年的积累才有了上百万客户，而互联网金融企业在很短的时间内就能积累上千万用户。互联网金融没有地域远近之分、网点多寡之别，只要增加服务器，用好新技术，理论上客户是可以无限累加的。

更为重要的是，互联网金融消除了数字、资本等鸿沟①，所有用户都能享受无差异的服务。出于成本、盈利的考虑，传统金融机构无法对一般客户与高端客户实行无差异服务。主要表现在：一方面，对高端客户给予VIP、私人理财通道等便利，对国有企业、大企业授信提供优惠利率；另一方面，普通老百姓存取款往往要排队，购买理财产品也有额度规定，对小微企业贷款利率上浮。传统金融机构实质上是为大企业服务、为富人服务，融资更多的是大中型企业，理财更多的是富人。比如，银行的私人银行部财富管理的起点规模一般为100万美元。互联网金融运用技术手段突破了上述困扰。

一是基于大数据等技术，充分利用网上交易数据，可以为小微企业提供无担保无抵押信用贷款。以支付宝为例，2014年支付宝手机端单日交易笔数的峰值达到1.97亿笔，淘宝店铺数量达到900万家，其中活跃的有300多万家。这些小微客户的认证与注册信息、访问、询价、交易、结算等，都是留痕的，通过交叉分析比线下获得的交易记录更可靠。有的互联网金融服务商甚至开发出网络订单。

专栏7　互联网金融在信贷技术上的革命

中国人民银行金融稳定局银行业风险监测和评估处处长　陈建新

互联网金融的特点是以互联网、大数据、云计算等技术手段，优化金融交易的体验，降低金融交易的成本，提高金融交易的效率，扩大金融服务的覆盖范围。其中，依据互联网的信贷技术打破了原来基于不同信息类型而采用的技术壁垒，带来信贷技术的革命。

一、信息的分类及其相关的信贷技术

信息经济学的产生与发展对理解和分析信贷技术提供了较为完整的理论框架。从信息经济学的视角看，决定信贷可得性的根本因素是信息以及建立在信息基础上的信用。

---

① 数字鸿沟是指信息富有者和信息贫困者之间的鸿沟，资本鸿沟是指财富富有者和财富贫困者在创造财富能力方面的鸿沟，数字、资本等鸿沟与贫富差距相互叠加，使富有者比贫困者拥有更多的发展机会。

　　Stein（2002）认为，信息根据其可传递性不同可以分为硬信息（Hard Information）和软信息（Soft Information）。硬信息通常指的是可观察和证实的量化数据。如企业的各项财务指标、交易记录等，或者个人的家庭收支情况表、个人储蓄存单、房产证等。软信息指的是一种人格化的信息，只能被有限范围内的家人、亲戚朋友、同学、同事以及左邻右舍等熟人所掌握或了解并进行传递。软信息不是通过明示的数码信息获得的，而是凭借经验或者声誉机制以含糊和间接的交流来传递的。如通过与借款企业的原材料供应商、产品消费者以及同行业或厂区相邻企业了解到企业的信息，借款人的人品素质、个人能力、风险偏好等个人信息，借款人所在地及同乡对借款人的评价等。软信息是非规范的，信息的扩散只能借助于面对面的人际交往。同时，信息是分散的，人与人之间的信息共享按照亲疏的等级关系进行。显然，这样的交易只能发生在人与人之间的长期关系之中。

　　基于"硬信息"，放贷人可采用交易型借贷（Transactions – based Lending），如财务报表贷款（Financial Statement Lending）、贷款评分（Credit Scoring）、基于资产的贷款（Asset – based lending）等。财务报表贷款主要是基于贷款对象的资产负债表、现金流量表和利润表，强调标准的财务报表分析包括资产负债比率、流动性比率、债务和清偿力比率以及盈利率等传统的财务指标。在基于资产的贷款下，信贷决定主要基于可抵押资产的质量。贷款评分是对借款人的历史经营情况、资金实力、担保以及当前经营实绩等进行综合分析，运用数理统计模型对客户的信用记录进行计量分析，测度违约可能性并对违约风险进行分类。这种贷款技术也要使用从财务报表中获得的信息。在工业化后的陌生人社会，基于"硬信息"的信贷技术易于得到广泛应用。金融机构在"硬信息"的开发上能够获得规模经济，其高度的组织化和专业化分工能够大大降低其获得和处理信息的成本，因此一般使用基于"硬信息"的交易型贷款技术。

　　基于"软信息"，放贷人一般采用关系型贷款（Relationship – based Lending）。关系型贷款是基于放贷人对借款人的社会资本的认同而提供贷款。按青木昌彦的定义，关系型信贷是"一种初始融资者被预期在一系列无法证实的事件状态下提供额外融资，而初始融资者预期到未来租金也愿意提供额外资金的融资方式"。关系型贷款的前提是借款人与一两个放贷人保持长期、密切而且相对封闭的交易关系，从而创造垄断租金、诱导性租金、声誉租金、信息租金等经济租金激励，促使放贷人在租金预期的情况下对借款人贷款。比如，一些小型社区类金融机构总结出基于"三表"（即电表、水表和税表或海关报单）和"三品"（人品、产品和抵押品）的信贷评审办法，一定程度上解决了小微企业融资难题。值得注意的是，这里的抵押品并不一定是可以证实或易于衡量价值的房产或其他固定资产，而可能是无法衡量价值的其他资产，如专利技术、非上市流通的股权等。基于"软信息"的信贷技术仍然基于熟人社会，信息的搜集、分析和传递仍然在熟人之间进行。一些放贷人就生活在借款人身边或与借款人在相同的行业、共同的社区生活或者在同行业生产经营使得他们彼此之间很了解，但是这种借贷市场十分狭小，且带有很强的道义约束（林毅夫，1998）。这种借贷方式一旦在信息交流不充分的放贷人和借款人之间发生，就可能存在很高的信息成本，使得放贷人要求很高的风险溢价，从而产生高利贷。

二、互联网金融带来的变革

随着互联网、大数据和云计算的发展，一些"软信息"逐步硬化，信贷技术将因此突破技术壁垒，使得更多的无法提供"硬信息"的借款人能够获得贷款。

阿里小贷使用的数据审贷技术就是一个典型案例。数据审贷指依靠充足的淘宝商户信息及商务活动数据，建立用户信用/风险模型，依托该模型自动或半自动地确定是否可以向申请人发放贷款。它的实质是数据分析和数据挖掘技术在审贷过程中的应用。银行业也用类似的技术进行信用卡审核和信用卡欺诈识别。在阿里小贷的数据审贷技术中，淘宝商户不用提供财务报表，只要告知其年龄、婚姻情况、家庭情况、居住地、销售的产品、售出数量以及用户评价等情况，阿里小贷就可以"选择用数据的方法、用模型的方法、用定量分析的方法去分析小企业背后的信用，帮它恢复财务报表，根据它的信用为它提供服务，而不是靠人对人的服务、人对人的调查"（胡晓明，2011）。数据审贷将以前严重依赖体力投入和人工判断的"软信息"处理及传递工作转化为由计算机自动执行的"硬信息"处理和传递工作，可显著降低金融产品的成本，使得金融服务能够切入小微企业这样的长尾市场。据报道，阿里小贷单笔小微信贷操作成本为2.3元，而银行单笔信贷操作成本一般都在2000元左右，阿里小贷不良贷款率也远远低于银行同期水平。

可以期待，互联网金融将超越传统陌生人社会和熟人社会的限制，将各种信息相互联结起来并通过巨量的数据分析寻找出规律，其形成的市场化机制、信用机制、技术机制将对传统金融机构的经营和管理形成冲击，也将进一步促进传统金融机构的改革和调整。

　　二是基于普惠特征，能够满足小微企业和个人的小额、零散、个性化的需求。比如，在银行购买理财产品，不仅要对客户进行风险评估，还规定最低购买额要求，绝大多数 5 万元起步，而余额宝投资起点为 1 元，户均余额只有 5000 元左右。2015 年 7 月，成交量排名前 20 位的 P2P 网络贷款平台平均借款标的为 24.2 万元。值得一提的是，传统金融重视东部沿海发达地区和大中城市，有的偏远农村甚至还有空白，互联网金融则打破了这样的布局。波士顿咨询公司研究显示，2012 年手机支付活跃度排名前 10 位的城市中，7 个来自西部地区。其中，手机支付占比全国最高的是拉萨，第二、第三名分别为西藏林芝、四川南充。

表 4-1　互联网金融与传统金融服务比较

类别	营业时间	服务场所	服务差异	担保抵押
传统金融	8 小时/天	物理网点	有	有
互联网金融	全天候	无限制	无	无

表 4-2　各种互联网理财产品比较

互联网理财产品	产品发起人	投资起点	投资上限	资金转出额度限制	资金转出到账时间
余额宝	支付宝	1 元	100 万元	单笔上限 5 万元，单日上限 5 万元，单月上限 20 万元	①单笔≤5 万元，第二个自然日 24 点前到账；②单笔＞5 万元，提交后的一个工作日内 24 点前到账；③实时到账：仅支持中信、光大、平安、招商 4 家银行
网易现金宝	网易	0.01 元	以各银行划款上限为准	500 万元	即时到账

续表

互联网 理财产品	产品 发起人	投资 起点	投资 上限	资金转出 额度限制	资金转出 到账时间
兴业宝	兴业银行	0.01元	100万元	单笔上限5万元，单日上限50万元	使用兴业银行卡可以实时到账。其他银行卡需要2~3个工作日
苏宁零钱宝（广发）	易付宝	1元	100万元	单笔最高49999元，每日最高149997元，单账户可操作3次/天	①2小时内到账（当日23∶00之前）；②零钱宝资金实时转出到易付宝余额，单日/单笔/单月无限额
微信理财通（华夏）	财付通	0.01元	以各银行划款上限为准	5万元	①00∶00~17∶00赎回，预计当天到账；②17∶00~24∶00赎回，预计第二天到账（广发银行需要1~3日）
京东小金库（鹏华）	京东	1元	100万元	单笔上限5万元，单日限次3次，单日限额15万元，单月上限100万元	转出至网银钱包可实时到账。网银钱包提现至银行卡：14∶00前提现次日到账
百度百赚（华夏）	百度	1元	以各银行划款上限为准	快速赎回：20万元	快速赎回，资金20分钟到账。少数银行卡因收款银行原因可能2~3个工作日到账
交行快溢通（嘉实）	交通银行	100元	无限制	无限制	赎回，T+1到账

资料来源：《做让用户尖叫的产品》。

第二节　匹配精准

　　互联网金融具有去中介、去中心的特点，省去层层审批等不少中间环节，使资金供需双方可以更加直接、迅速地进行匹配。在传统金融模式下，连接存款人与借款人的是金融中介和金融市场。在互联网金融模式下，资金供求双方通过互联网平台进行对接交易，金融产品与实体经济结合更加紧密，交易可能性边界大大拓展。互联网金融的主要特点：N 个需求者和 N 个供应者在网上发布信息，供需双方直接匹配，达成交易，无须通过银行、券商、交易所等金融中介和市场。投资者可以实时获取自己组合的头寸、市值、分红、到期等信息，还可以进行证券转让和交易。资金数量、个人偏好、时间安排等，都可以通过互联网直接交换，资金使用效率大幅提高。在信息足够透明的情况下，一些企业无须通过股票市场、债券市场等，可以直接在众筹融资平台筹集资金。

如前所述，大数据、云计算、移动互联等技术的不断创新，为资金供需双方精准匹配插上了翅膀，提供了支持。比如，搜索引擎与社交网络出现融合的趋势，搜索引擎能够从海量信息中找到最能匹配用户需求的内容，通过社交网络可以过滤掉不可信的内容，实质是利用社交网络蕴含的关系数据进行信息筛选，提高诚信度。再如，在集成电路（IC）的性能逼近极限的情况下，云计算使用大量廉价 PC 分担计算任务，易扩展，能容错，保障多备份数据的一致性，使用户能够按需获取计算能力、存储空间和信息服务。值得注意的是，伴随着线上线下的融合互动不断加深，互联网金融企业对用户的需求感知更快更准，传统商业模式面临的冲击陡然增大。以交友软件为例，安装微信软件时的一个基本动作是读取手机通讯录，这个看似简单的动作，可以使移动互联网企业瞬间拿到个人信息和社交关系信息。

第三节　成本低廉

与传统金融相比，互联网金融的竞争优势集中体现为成本低、效率高。这是由于金融具有边际成本递减的特点，只要搭建好平台，新增使用者的成本是极低的，并且随着客户的增多还能产生规模效应。普华永道调查表明，美国银行业网点单笔交易平均操作成本为 4 美元，手机银行为 0.19 美元，网络银行为 0.09 美元。换言之，手机银行、网络银行单笔业务平均操作成本分别是物理网点的 1/24 和 1/50。为了弄清楚互联网金融的成本优势，本书选取网络小额贷款、P2P 网络贷款两种互联网金融产品，以及大型商业银行、城市商业银行、农村信用合作社（农村商业银行、农村合作银行）、村镇银行、小额贷款公司的贷款业务做了抽样调查。结果表明，网络小额贷款、P2P 网络贷款单笔额度相当于传统金融同类业务的 3.5%，单笔贷款操作成本相当于传统金融同类业务的 12.3%。

从成本结构看，互联网金融通过技术手段的广泛运用，节省了大量人工成本、物理网点成本和时间成本。据抽样调查，2013 年传统金融机构单个网点的年平均经营成本达 800 多万元。对于企业特别是小微企业来讲，时间就是商机。2015 年 7 月，成交量排名前 20 位的 P2P 贷款平台的平均满标用时为 2 小时 40 分零 49 秒，这么快的融资速度是传统金融机构很难做到的。

表 4 -3　主要 P2P 网络贷款平台"满标用时"情况

名称	满标用时	成交量（亿元）	平均利率（%）	平均借款期限（月）
红岭创投	17.77 分	72.95	11	3.1
鑫合汇	2.05 小时	28.97	12	0.6
陆金所	0 秒	27.82	8.1	30.8
PPmoney	1.62 分	18.87	9.6	2.4
微贷网	2.25 分	14.09	13	2.4
金信网	3.94 小时	11.73	10	7.4
有利网	1.58 小时	10.88	9	10.7
你我贷	23.28 分	10.81	13	33.3
团贷网	1.28 天	9.89	15.0	5.2
翼龙贷	41.75 秒	8.83	18	11.8
积木盒子	47.63 分	8.62	9	4.0
温州贷	59.44 分	7.89	13	1.4
开鑫贷	10.11 小时	7.86	9.1	8.6
宜人贷	42.40 分	7.83	12	35.8
投哪网	12.35 分	7.82	11	3.0
人人贷	49.19 分	7.80	12	29.3

续表

名称	满标用时	成交量（亿元）	平均利率（%）	平均借款期限（月）
小牛在线	4.62 分	6.63	13	10.3
人人聚财	5.05 秒	6.59	13	16.2
易贷网	6.77 分	6.10	12	3.9
融金所	33.52 分	5.85	17	3.5

资料来源："网贷之家"网站。

　　免费思维是互联网时代的突出特点，也是打败竞争对手、后来居上的一个重要战略[①]。在互联网时代，毛利率为零却依然可以盈利，这在工业时代是无法想象的。电子商务、网络门户、网络社交、分类信息网站、地方门户、网络游戏、电子邮箱、搜索引擎、即时通信[②]等互联网各个领域，面向大众的互联网服务均采用免费的策略吸引用户，再以流量和用户规模为指标衡量网站或服务的市场价值。可以说，没有免费的策略，就没有今天互联网的广泛普及和数亿的庞大互联网用户群。没有免费，也就不可能产生新浪、搜狐、网易、盛大、阿里巴巴等互联网企业巨头。互联网各种服务都将免费作为进入并迅速打开市场的法宝，免费成为互联网企业的必然选择。从电子邮件到电子公告板，从门户网站到电子商务网站，从社交网站到分类信息网站，大多数互联网服务都基于免费的商业模式，即使收费类服务也拥有庞大的免费用户基数。纵观中国互联网的发展历程，每一次"免费"都带来了新的变革浪潮。

[①] 淘宝网和 eBay 易趣网的竞争就是真实的写照。2001 年 7 月，易趣网宣布开始对卖家登录物品收取登录费，进入电子商务平台非免费的阶段。2003 年 5 月 10 日，淘宝网上线，宣布全站免费。2004 年 2 月 2 日，易趣网调低商品登录费用。2005 年 5 月 1 日，易趣网再次宣布下调登录费、月租费。2005 年 10 月 20 日，淘宝网宣布将继续免费 3 年。2006 年 5 月 10 日，淘宝网推出 B2C 业务——淘宝商城，并推出竞价排名服务"招财进宝"，这项有偿增值服务被认为是"变相收费"。2008 年 4 月，淘宝网对 B2C 业务收费。2008 年 5 月 5 日，易趣网宣布，终身免收包括高级店铺和超级店铺在内的店铺费，并免收商品登录费等传统收费项目。这意味着，易趣网作为国内首家收费的 C2C 网站，经过若干年反反复复，最终转向全平台免费使用的模式。

[②] 即时通信（IM）是指能够即时发送和接收互联网消息等的业务，目前已发展成集交流、资讯、娱乐、搜索、电子商务、办公协作和企业客户服务等于一体的综合化信息平台。微软、腾讯、AOL、Yahoo! 等重要即时通信提供商都提供通过手机接入互联网即时通信的业务，用户可以通过手机与其他已经安装了相应客户端软件的手机或电脑收发消息。

专栏8　互联网金融五大优势

（1）规模优势。互联网具有规模经济性，企业基于互联网拓展用户规模的边际成本极低；互联网口碑效应和传播效应显著，可有效降低企业市场营销成本；互联网还具有马太效应，强者恒强优势凸显。例如，阿里巴巴、腾讯都拥有数亿级的用户群体，其向自身用户群体推广新型业务的边际成本几乎为零，余额宝、财富通的崛起即是明显例证。

（2）便捷优势。从时间维度看，互联网具有实时在线全天候服务能力。互联网用户利用移动智能终端等下载 APP 应用软件，通过二维码、声波等多种方式，访问互联网金融业务入口，即可在商场或便利店等场景完成支付，其便利快捷深受消费者喜爱。此外，用户通过移动支付工具可随时随地完成理财、转账、查询等操作，业务应用跨越时间空间限制，其便捷性远非传统金融服务方式可比。

（3）扁平优势。从空间维度看，互联网具有"一点接入，全程服务"的能力。互联网金融业务供需双方通过网络即可完成业务交易和服务，无须设置庞大的实体门店和人工柜员群体，大幅压缩中间渠道，降低企业经营成本、提高运行管理效率，有助于增强金融服务实体经济的能力。

（4）普惠优势。互联网具有长尾性、平等性和开放性，消除了群体差异和地域差异，满足了广大普通百姓利用闲散资金的需求，更容易聚合众多互联网用户力量汇集庞大优势。互联网金融还丰富了金融服务的层次和内容，有望改变传统金融资金门槛高、竞争性供给缺乏、普惠性缺失等长期不足。

（5）聚合优势。互联网集聚着众多企业，是商务流、资金流的基本载体。利用大数据分析技术，可将各类企业留存的历史交易信息和用户行为数据进行整合分析，建立精准的征信体系，降低融资信贷成本，提升金融服务水平。与传统银行的审贷、批贷、放款固有工作流程相比，基于互联网的征信系统可以大幅提升金融服务效率，降低不良贷款比率，改善金融生态环境。

（摘自《中国互联网金融发展白皮书2015》）

第五章　缓解信息不对称的一把钥匙

透过现象看本质，伴随着利率市场化等金融改革的推进以及监管措施的完善，互联网金融"钻政策空子"的套利空间大大压缩，而基于互联网技术的信息处理能力将不断提升，互联网金融缓解信息不对称的潜力会持续释放。这正是互联网金融的核心竞争力之所在。

第一节　信息不对称研究进展

两百多年前，现代经济学的鼻祖亚当·斯密提出，市场恰似一只"看不见的手"，通过价格机制、供求机制和竞争机制，支配着市场主体优化自身决策，引导社会资源朝着最有效率的方向配置。20世纪50年代，美国经济学家阿罗和德布鲁运用数学方法论证了这个经济思想。然而，他们的理论有一个缺陷，那就是假设消费者和生产者拥有的信息是完整的，市场环境是理想化的。现实并非如此。比如，不同行业从业主体之间存在较高的信息壁垒，"隔行如隔山"。再如，供求双方对产品信息的了解存在巨大差异，"买的没有卖的精"。这就导致市场信息分布不对称，掌握信息比较充分的一方，往往处于有利的地位，而不掌握信息或信息贫乏的一方，则处于不利地位。金融领域的骗贷、骗保等现象，就是资金需求方极力掩盖自身的不利信息，乃至提供虚假信息，而资金供给方未能识别造成的。由此可见，信息不对称严重影响资源配置效率，导致市场失灵，很多原本可以实施的市场交易无法完成。

为了缓解信息不对称问题，20世纪70年代美国经济学家阿格洛夫、斯蒂格利茨和斯彭斯展开了一系列研究，并因"对不对称信息市场理论做出的拓荒性贡献"共同获得 2001 年诺贝尔经济学奖。作为博弈论的应用和制度经济学的理论基础，信息经济学逐渐发展起来。我国学者刘希印（1990）、张维迎（1996）、马费成（1997）、乌家培（2002）、林毅夫（2006）等也对信息不对称理论做了一系列研究。从研究成果看，信息不对称主要造成两类后果：一是交易达成前隐藏信息，导致"逆向选择①"。比如，吸收公众存款方面，合法金融机构按照国家核定的存款利率区间吸收存款，而非法金融机构或个人高息揽存，部分公众因信息不对称，转而选择非法金融机构，出现"劣币驱逐良币"现象。二是交易达成后隐藏行动，导致道德风险。比如，由于被保险人与保险公司间信息的不对称，造成车主在买过车险后疏于保养，使保险公司赔不胜赔。再如，借款人对借入资金的使用效益漠不关心，不负责任，致使借入资金发生损失等。

国内外研究对解决信息不对称问题开出了一些药方。针对"逆向选择"，一种方法是通过可观察的行为或特征，来传递机构或产品的确切信息。比如，通过各类行政许可、第三方评价和客户赞誉，来表示机构资质和能力。另一种方法是科学设计面向不同客户群体的产品类型，通过客户购买行为，自动揭示客户风险类型。比如，同时提供低保费低保额、高保费高保额的保险产品，驱使高风险客户购买高风险保单。针对道德风险，重点是加强事中事后监督和管理，调动交易对象的积极性，整合各方面信息，确保交易达成后主体行为不偏离合同约定的内容。

总的来看，信息不对称会显著增大交易成本，抑制市场交易和经济金融发展。缓解信息不对称需要完善制度，加强监管，但这本身也要花费成本。在现实中，很多金融机构为应对信息不对称可能造成的道德风险，普遍采用了抵押贷款的方式。这种做法看似减少了风险，但与金融机构本身应有的经营管理风险职责相悖，也使抵押品不足的小微企业难以获得资金支持。

制度经济学告诉我们，技术创新可以带来制度创新。当前，以宽带传输、移动互联、云计算、大数据和社交网络为标志，互联网进入了新时代，

---

① 逆向选择，是指市场交易的一方如果能够利用多于另一方的信息使自己受益而让对方受损时，信息劣势的一方便难以顺利地做出买卖决策，于是价格便随之扭曲，并失去了平衡供求、促成交易的作用，进而降低市场效率。"逆向选择"在经济学中是一个含义丰富的词汇，它的一个定义是指，由交易双方信息不对称和市场价格下降产生的劣质品驱逐优质品，进而出现市场交易产品平均质量下降的现象。

越来越多的人类活动从线下向线上迁移，"数字化生存①"正成为现实。这一变革拉近了人与人、商家与客户的距离，大大缓解了信息不对称的影响。主要表现在：一是降低信息搜寻成本。互联网"一点接入，全球访问"的特性，为广大消费者"货比三家"提供了极大便利。二是促进信息跨地域跨主体对接。互联网24小时不间断运行，能够将信息的传播范围扩大到极致，资金供需之间的信息壁垒被打通，使直接融资成为可能。三是强化自律。由于信息存储成本大幅下降，存储店家交易、网民浏览、购物等市场行为的记录成为可能，也使存储店家纠纷、网民消费体验、受骗经历等信息成为可能。这些信息一经发生，便永久存留于互联网上，有助于倒逼线上、线下企业珍惜声誉，规范自身行为，不断提升诚信水平。

专栏9 互联网金融的本质是大数据金融模式

中国社会科学院金融研究所副所长殷剑峰2014年11月18日在第五届机构投资者年会上发表题为《大数据：数据资产、数据资本和信息技术革命》的演讲。主要观点如下。

大数据是近几年才越发时髦的概念。虽然并无统一的定义，但其特征可以用3个"V"或者4个"V"来界定，即数据量大（Volume）、数据处理速度快（Velocity）、数据类型多样（Variety）、数据真实性强（Veracity）的"4V"特征。对于经济金融理论界和实务界来说，对大量（Volume）、实时（Velocity）数据的处理和分析并不陌生，但是，大数据在规模和速度上与以往的数据类型存在量级的差异，且这样的差异在不断扩大。更为不同之处在于数据类型的多样性：大数据需要处理的对象不仅包括传统的结构化数据（如股市交易时间序列、GDP等），还包括许多非结构化数据（如视频、音频、文本信息等），后者的数据规模和增长速度远高于前者，而且处理这两类数据的技术和理论都是不一样的。

如同几百年前欧洲人发现了新大陆和新大陆上令人垂涎的金矿资源一

---

① 数字化生存（Being Digital），最初是由美国学者尼葛洛庞帝在其1996年出版的《数字化生存》中提出的，按照他的解释，人类生存于一个虚拟的、数字化的生存活动空间，在这个空间里人们应用数字技术（信息技术）从事信息传播、交流、学习、工作等活动，这便是数字化生存。

样，数字革命的结果就是新大陆上的新金矿——大数据。在所有人和物都可能被网络化并在数字空间留下数字足迹的时代，需要始终记住的一个基本观念是：数据是资产。不过，就像发现金矿一样，如果没有挖掘和处理技术，金矿并不能自动生产出黄金。获取大数据的目的首先在于通过分析产生信息，而从数据到信息的过程需要有 IT 技术的支持。这包括：第一，数据存储和查询技术，如分布式文件系统和非关系型数据库。第二，数据处理技术，如以实时处理海量、非结构化数据为目的的 MapReduce、网格计算、数据流技术、云计算等。第三，数据应用技术，如自然语言理解、图像识别、各种数据可视化技术等。

信息网络技术已经发展了几十年，为什么直到近几年才出现大数据的热潮呢？这归因于技术发明和技术普遍应用之间存在的时滞。从数据资产的积累到数据资本的形成，至少从三个方面形成了降低成本、提高生产率的效应。第一，信息透明度大大提高。在微观层面，客户分层、客户体验、量身定制正在成为潮流。在宏观层面，随着实时、大量数据的产生和运用，过去基于月度、季度甚至年度的过时经济预测（Forecasting）将会变成对经济总体状况实时把握的即时播报（Now-casting）。第二，企业和社会风险管理能力大为提高。就企业而言，风险管理能力的提高显然是降低错误投资的概率、提升生产率的有效手段。从宏观层面看，一个典型的例子是2008 年雷曼兄弟公司倒闭引发的全球金融危机，这场危机让全球经济丧失了数十万亿美元的 GDP。在未来，如果能够利用大数据，将雷曼兄弟公司这样的企业视为一个网络关键节点或者连接不同子网络的关键"桥"（Bridge），来分析和把握其系统重要性，或许可以避免危机带来的巨大损失。第三，正在并将继续形成新的生产、生活和交易方式。贸易和生产制造领域已经演化出了以网络为基础的新的营销、仓储、供应链和市场组织形式，而基于实体经济的金融业也在发生深刻变革。阿里巴巴这样的企业正是利用了电子商务过程中产生的大数据发展互联网金融，使其成为企业增值的数据资本。

在数据资产的积累和形成过程中，有两个问题摆在面前：第一，谁拥有这样的数据资产？第二，谁能够将数据资产变成数据资本？从国家层面看，这涉及 21 世纪全球实力格局的再造。根据麦肯锡的统计（Big Data：The Next Frontier for Innovation, Competition and Productivity, 2011），2010 年北美、欧洲、日本新储存的数据分别达到 3500 拍字节、2000 拍字节和 400

拍字节，我国只有250拍字节。作为全球第二大经济体，我国在数据资产的积累方面处于大大落后的状态。数据处理和分析能力是数据资产变成数据资本的前提，就此能力而言，人才是重中之重。同样根据麦肯锡的统计，2008年，美国具有深度分析训练的毕业生2.5万人，中国1.7万人，居第二位。但是，从人均角度看，每100人中这样的毕业生，美国8.11人，中国低于绝大多数高收入国家，只有1.31人。在国家战略层面，2012年3月美国政府发布《大数据研究和发展规划》，将大数据提升到国家战略层面。其他国家，如印度、英国、日本等，都提出了以大数据为核心的国家发展战略。我国虽然也有部委、省市提出类似规划，但在国家层面，还未引起足够的重视。

　　未来是属于大数据时代的。数据资产的积累、数据资本的形成及其推动的数据资本深化和"数据资本表现型技术进步"将成为人类经济社会发展的新大陆。在《万历十五年》中，黄仁宇说中国人不擅长"数字管理"。希望在这一次，我们能够吸取教训。

第二节　互联网金融企业的探索

　　从近几年的实践看，各种互联网金融模式的创新，实质是运用技术手段缓解信息不对称的探索。

　　（1）互联网支付整合资金流（银行）、信息流（交易订单）和物流订单（物流公司），成功地解决了电子商务交易信用中介担保问题。比如，支付宝第三方担保交易模式是通过支付机构预先归集买方支付的货款，待收货确认后，再将资金转入卖方账户。

　　更重要的是，互联网支付作为P2P、众筹、理财等其他互联网金融业态以及公共事业等领域服务的资金支付渠道，留存了大量的交易信息，在解决信息不对称方面还有很大潜力可挖。

　　（2）网络小贷运用电子商务交易数据，实现了网上商户和消费者信用贷款。比如，阿里小贷运用从淘宝、天猫、支付宝等一系列平台获取的数据，包括卖家会员的交易量、活跃度、用户满意度、库存、现金流等数据，为他们提供无抵押、低门槛、快速便捷的融资服务。京东的"京保贝"，通

⑥商品配送　　物流　　⑤发货

①浏览信息、确认购买　　淘宝网/天猫　　②传递信息、签订合同

买家　　　　　　　　　　　　　　　卖家

③发出支付指令　⑦确认收货　⑧付款　⑨发出付款指令

买家开户行　　④付款　　支付宝　　⑩付款　　卖家开户行

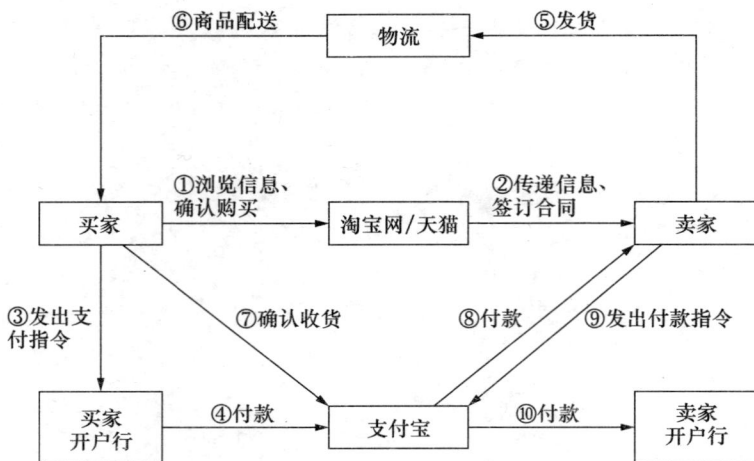

图 5 - 1　支付宝的电子商务第三方担保交易模式

过向银行提供供货商的在线订单、交易记录等数据，降低银行的审贷成本和放贷风险，搭建了商家、平台、银行之间的资金对接"桥梁"，供货商可以无担保、无抵押快速获得贷款。该业务推出 1 个月，贷款规模就超过 10 亿元。京东白条基于消费者的购物记录提供无担保的纯信用贷款，平均单笔额度 1.5 万元，消费者可以在 3~24 个月内分期还款。

表 5 - 1　阿里小贷与京保贝的比较

	阿里小贷	京保贝
成立时间	2007 年 5 月	2013 年 12 月
资金来源	初期与银行合作，现在靠自有资金	初期靠自有资金，后期会引入银行、基金等金融机构
贷款利率	约 18%/年	约 10%/年
审核依据	会员的网络活跃度、交易量、网上信用评价、财务状况等	入库单
到账速度	没有承诺最快到账速度	最快 3 分钟到账
产品成熟度	比较丰富（e 贷通、易融通等）	尚无其他贷款产品信息

资料来源：《做让用户尖叫的产品》。

（3）P2P 基于客户信息居间撮合，促进了资金供需双方直接对接。比如，采取线上运营加第三方担保模式的陆金所，放贷人通过 P2P 平台获取借款人信息，签订借款合同，担保公司对本金、利息担保并进行风险审核。再如，人人贷采取线上线下结合模式，通过线下发展贷款用户、实地考察、委托线下公司进行信用评级，再将贷款信息发布在 P2P 平台上，供放贷人投资选择。

（4）众筹通过项目筛选和信息披露，为初创企业提供了融资支持。众筹企业一般要求筹资人提供详细的项目内容、进展安排、筹资金额和期限，对投资者的回报以及必要的风险提示等信息，由平台审核、筛选上线，有的还为筹资人和投资人提供交流互动的机会，投资人选择投资项目并获得股权收益、实物等回报。2011 年 7 月至 2015 年 5 月，点名时间收到 13000多个创业提案，其中发布 1500 多个，筹资成功率 43%。

（5）"金融超市"通过整合金融产品信息和搜索服务，为投资理财提供专业化咨询服务。互联网理财产品种类繁多、五花八门，一般投资者很难甄选。"金融超市"运用爬虫①技术对线下线上所有在售金融产品信息进行遍历，建立结构化的金融产品数据库，为用户选择理财产品，并提供便捷的搜索查询服务。比如，融 360 网站为用户提供搜索的理财产品有多种，其中仅网贷投资产品就有 1 万多款。

专栏 10   金融超市

金融超市也被誉为"网上金融沃尔玛"。顾名思义，金融超市就是银行对经营的产品和服务进行整合，并通过与保险公司、证券公司、房地产公司等机构合作，向顾客提供涵盖多种金融产品与增值服务的一体化经营方式。

金融超市在发达国家比较常见。在西方许多国家和地区，没有单一的银行储蓄所，散布在街头的金融网点可承接几乎所有的常规金融业务，信用卡、外汇、汽车、房屋贷款、保险、债券甚至纳税等各种金融需求都可以满足。在美国，老百姓只要到商业银行，就可以购买开放式证券投资基金，进行股市、汇市交易，所有结算都可以一次性办妥。在日本，很多银

---

① 爬虫又称为"网页蜘蛛"，网络机器人，是一种按照一定的规则，自动地抓取网页信息的一段程序。

行为消费者提供集银行、寿险以及其他代理服务于一体的一站式金融服务。

目前，金融超市在我国悄然兴起，并有望成为商业银行新的发展趋势。北京、上海、杭州、大连等地纷纷建立了金融超市。中国农业银行上海分行提出，只要你结缘农行，便可在该行的金融超市货架上得到包括衣食住行、生儿育女、投资理财、置业等全方位的金融配套服务。上海各大银行还建立了"自助理财金融超市"、为聋哑客户提供手语服务的"无障碍银行"。中国工商银行浙江分行推出的"个人金融理财"，使原来单一存取款的储蓄所发展成为集存取款、贷款、咨询、委托代理等功能于一体的金融超市。

业务全能化是金融超市的突出特点。银行开始涉足资本市场或金融衍生品市场，大量非银行金融产品及其衍生品已成为银行的主产品，银行、保险、证券等各类金融业务逐渐融为一体。目前，传统业务占银行收益的比重不足40%。值得注意的是，当前出现了银保一体化的趋势。平安、新华、太平洋、中国人寿等保险公司已在部分商业银行和邮政储蓄所设立代理点，这对银行、保险公司以及消费者都是有利的。伴随着金融改革开放的提速和互联网金融的兴起，金融超市将不再局限于线下的业务整合，线上线下一体化的"网络金融超市"将大量涌现。

第三节　未来的发展潜力

展望未来，在相当长时期内，互联网技术创新步伐依然很快，应用更加广泛，互联网金融缓解信息不对称的功能和作用会越来越强大。

从互联网技术发展趋势看，网络传输、数据存储、信息处理能力继续呈指数增长态势。在宽带接入方面，用户家庭固定宽带接入速率正由每秒十兆比特[①]（Mbit/s）、百兆比特为主进入千兆比特时代。新一代宽带无线

---

① 比特率是指每秒传送的比特（bit）数。单位为 bps（bit per second），比特率越高，传送数据速度越快。声音中的比特率是将数字声音由模拟格式转化成数字格式的采样率，采样率越高，还原后的音质就越好。视频中的比特率（码率）原理与声音中的相同，都是指由模拟信号转换为数字信号的采样率。比特率规定使用"比特每秒"（bit/s 或 bps）为单位，经常和国际单位制词头关联在一起，如"千"（Kbit/s 或 Kbps），"兆"（Mbit/s 或 Mbps），"吉"（Gbit/s 或 Gbps）和"太"（Tbit/s 或 Tbps）。

基础设施向大规模、广覆盖、高速率演进升级，中国即将建成全球最大的 4G 网络，5G 技术研发也在加快推进。在光通信方面，单波长传输速率呈现 5~7 年换代演进的规律。2014 年 100G 系统已经规模部署，400G 产业快速成熟，预计 2017 年投入商业应用。在存储方面，随着芯片工艺特别是纳米技术的引入、单位存储密度的提升以及复合新材料的使用，未来储存能力还会大幅提升。新型存储器每立方厘米存储容量可达 10 太字节（TB，1TB＝1024GB），相当于半个国家图书馆的藏书量，信息永久存储也将成为现实。在计算方面，未来计算机处理芯片（CPU）、软件将继续遵循"摩尔定律①"、"安迪—比尔定律②"，每 18 个月计算机性能翻番，价格减半，软件也会相应升级。移动互联网产业迭代周期由个人计算机（PC）的 18 个月缩减至 6 个月。随着量子计算机③、生物计算机④、DNA 计算机⑤及人工智能⑥等颠覆性技术的发展，计算机的处理能力将呈几何级倍增。

————————————

① 摩尔定律是由英特尔（Intel）创始人之一戈登·摩尔（Gordon Moore）提出来的。其内容为：当价格不变时，集成电路上可容纳的晶体管数目，约每隔 18 个月便会增加一倍，性能也将提升一倍。换言之，每 1 美元所能买到的电脑性能，将每隔 18 个月翻一倍以上。这一定律揭示了信息技术进步的速度。

② 安迪—比尔定律是对 IT 产业中软件和硬件升级换代关系的一个概括。原话是"Andy gives, Bill takes away"（安迪提供什么，比尔拿走什么）。安迪指英特尔前 CEO 安迪·格鲁夫，比尔指微软前 CEO 比尔·盖茨。

③ 量子计算机是一种依照量子力学理论进行计算的新型计算机，量子计算的基础和原理以及重要量子算法为在计算速度上超越图灵机模型提供了可能。普通计算机中的 2 位寄存器在某一时间仅能存储 4 个二进制数（00、01、10、11）中的一个，而量子计算机中的 2 位量子位（qubit）寄存器可同时存储这四个数，因为每一个量子比特可表示两个值。如果有更多量子比特的话，计算能力就呈指数级提高。

④ 生物计算机又称仿生计算机，是以生物芯片取代在半导体硅片上集成数以万计的晶体管制成的计算机。它的主要原材料是生物工程技术产生的蛋白质分子，并以此作为生物芯片。生物计算机芯片本身还具有并行处理的功能，其运算速度要比当今最新一代的计算机快 10 万倍，能量消耗仅相当于普通计算机的十亿分之一，存储信息的空间仅占百亿亿分之一。生物计算机具有体积小、运算速度快和耗能低等特点，但目前仍有读取数据速度慢等技术壁垒需要突破。

⑤ DNA 计算机是一种生物形式的计算机。它是利用 DNA（脱氧核糖核酸）建立的一种完整的信息技术形式，以编码的 DNA 序列（通常意义上的计算机内存）为运算对象，通过分子生物学的运算操作以解决复杂的数学难题。

⑥ 人工智能（Artificial Intelligence，AI）是研究、开发用于模拟、延伸和扩展人的智能的理论、方法、技术及应用系统的一门新的技术科学。人工智能是计算机科学的一个分支，它企图了解智能的实质，并生产出一种新的能以人类智能相似的方式做出反应的智能机器，该领域的研究包括机器人、语言识别、图像识别、自然语言处理和专家系统等。人工智能从诞生以来，理论和技术日益成熟，应用领域也不断扩大，可以设想，未来人工智能带来的科技产品，将会是人类智慧的"容器"。

从技术应用看，互联网与经济社会各领域深度融合是大势所趋，数据来源会越来越广泛。作为开放共享的基础性平台，互联网企业早期以门户展示、信息搜索、社区论坛等方式切入，积累起丰富的用户偏好和浏览兴趣数据，重构了传统媒体、出版、广告等行业。而后与酒店、旅游、零售等线下传统服务业相结合，培育起在线预订、网络旅游、电子商务等新兴服务业态，并积累起海量的个体用户消费行为数据。随着移动互联网、物联网①、车联网、智慧城市②、智能家居③等新技术的广泛渗透，联网对象从人到物、从物到物，联网终端数量从十亿级向百亿、千亿级进军，覆盖的领域将大大扩展，来自经济社会运行、居民生产生活、政府公共管理等方面的数据都将被感知、收集、存储和应用起来。据统计，目前全球90%的数据量是在过去3年内创造出来的，按照每年40%的增长速度推算，到2020年人类产生的数据总量将达到40艾字节（1EB＝1024PB），全球服务器的数量将会增加10倍以上。不断积聚的海量数据以文字、图片、视频等不同方式，从各个维度为消除信息不对称提供了广阔的数据来源。

---

① 物联网是新一代信息技术的重要组成部分，其英文名称是"The Internet of Things"。顾名思义，物联网就是物物相连的互联网。其一，物联网的核心和基础仍然是互联网，是在互联网基础上的延伸和扩展的网络；其二，其用户端延伸和扩展到了任何物品与物品之间，进行信息交换和通信，也就是物物相息。物联网就是"物物相连的互联网"。物联网通过智能感知、识别技术与普适计算，广泛应用于网络的融合中，也被称为继计算机、互联网之后世界信息产业发展的第三次浪潮。物联网是互联网的应用拓展，与其说物联网是网络，不如说物联网是业务和应用。因此，应用创新是物联网发展的核心，以用户体验为核心的创新2.0是物联网发展的灵魂。物联网是互联网的延伸，它包括互联网及互联网上所有的资源，兼容互联网所有的应用，但物联网中所有的元素（所有的设备、资源及通信等）都是个性化和私有化。

② 智慧城市就是运用信息和通信技术手段感测、分析、整合城市运行核心系统的各项关键信息，从而对包括民生、环保、公共安全、城市服务、工商业活动在内的各种需求做出智能响应。其实质是利用先进的信息技术，实现城市智慧式管理和运行，进而为城市中的人创造更美好的生活，促进城市的和谐、可持续成长。

③ 智能家居（Smart Home，Home Automation）是以住宅为平台，利用综合布线技术、网络通信技术、安全防范技术、自动控制技术、音视频技术将家居生活有关的设施集成，构建高效的住宅设施与家庭日程事务的管理系统，提升家居安全性、便利性、舒适性、艺术性，并实现环保节能的居住环境。

从信息溯源看，引入国际互联网协议第 6 版（IPv6 协议）①，为网络服务提供者以及接入网络的各类终端提供了极为充足的地址资源。在传统互联网时代，国际互联网协议第 4 版（IPv4 协议）② 受地址资源总量所限，多用户共用一个 IPv4 地址的情况相当普遍，无法做到 IP 地址与上网用户、访问行为等数据信息一一对应，信息溯源难度极大。我国尤为如此，仅拥有 3.32 亿个 IPv4 地址，与 6.3 亿网民极不匹配。下一代互联网技术 IPv6 协议将缓解信息溯源难题。一是网络地址空前扩展。IPv6 协议地址是 IPv4 的 10^{29} 倍，IP 地址与用户可以一一对应，做到"人过留名、雁过留声"。二是支持更多服务类型。IPv6 协议加入了身份验证、数据完整性和保密性选项，安全性更有保障。三是信息溯源方式更加丰富。除了依靠 IP 地址溯源，还可以运用大数据技术，结合硬件标识地址（MAC 地址）③、用户行为分析、关联比对、终端使用习惯等新信息。比如，2013 年 7 月，深圳交易所通过比对某些股票账户与基金购买操作行为的相关数据，发现一个 10 亿元账户重仓的小盘股票和某基金公司的一只基金的投资方向高度重合，通过分析交易双方的 IP 地址、开户人身份、社会关系等信息，发现存在违规操作。

从正在推行的管理制度看，网络环境会更加透明规范。当前，我国正从信息监测过滤、源头清理、实名制等方面加强网络环境治理，让网络环境清朗起来。主要措施：一是整治黑色产业链和恶意程序。2014 年 8 月，工业和信息化部发布《关于加强电信和互联网行业网络安全工作的指导意见》，提出

---

① 国际互联网协议第 6 版（IPv6 协议），是由 IPv4 协议的 32 位编码升级成为 128 位编码，能够产生 2 的 128 次方个 IP 地址，充分解决了在 IPv4 协议下全球 IP 地址不足的问题。也就是说，在 IPv6 下，IP 地址将可充分满足数字化生活的需要，不再需要地址的转换。我国于 1998 年由 CER-NET（中国教育和科研计算机网）率先建立了 IPv6 试验床，并获得国际组织认可，于 1999 年开始分配 IPv6 地址。

② 国际互联网协议第 4 版（IPv4 协议），是互联网协议（Internet Protocol，IP）的第 4 版，也是第一个被广泛使用，构成现今互联网技术的基石协议。目前的全球互联网所采用的协议族是 TCP/IP 协议族。IP 是 TCP/IP 协议族中网络层的协议，是 TCP/IP 协议族的核心协议。1981 年 Jon Postel 在 RFC791 中定义了 IP，IPv4 可以运行在各种各样的底层网络上，比如，端对端的串行数据链路（PPP 协议和 SLIP 协议）、卫星链路等。局域网中最常用的是以太网。

③ 硬件标识地址，或称 MAC（Media Access Control）地址，用来表示互联网上每一个站点的标识符。是收录在 Network Interface Card（网卡，NIC）里的地址，是由 48 比特（bit）长〔6 字节（byte），1byte = 8bits〕，16 进制的数字组成。前 24 位叫作组织唯一标志符（Organizationally Unique Identifier，OUI），是识别 LAN（局域网）节点的标识。后 24 位是由厂家自己分配。形象地说，MAC 地址对于硬件设备就如同我们的身份证号码，具有全球唯一性。

要维护公共互联网网络安全环境，加强木马病毒样本库、移动恶意程序样本库、漏洞库、恶意网址库等建设，促进网络安全信息共享。加强对黑客地下产业利益链条的深入分析和源头治理。重点加强对金融、电子商务等领域仿冒网站的监测和判别，强化智能终端、应用商店、第三方签名认证管理。二是加强网络信息监管和查处。2013年9月，最高人民法院、最高人民检察院联合颁布《关于办理利用信息网络实施诽谤等刑事案件适用法律若干问题的解释》，明确了在信息网络上散布，或者组织、指使人员散布虚假信息，造成公共秩序严重混乱的刑法适用问题。2014年9月，中国证监会表示，通过论坛、博客、微博、微信、易信、股吧、公司官方网站等网络媒体发布、传播上市公司信息，导致股票交易异常波动的，证券交易所将依法核查所涉上市公司股票交易是否涉嫌内幕交易或操纵市场，发现违规线索及时移交相关证监局进行核查。三是对网站注册和重点业务实行实名制管理。要求网站经营主体，在注册时对企业名称、法人、驻地、IP地址、经营范围、通信方式等关键信息进行备案，遵循前台自愿、后台实名、严格保密等原则，加强重点业务领域的用户实名制管理。2014年7月，国家互联网信息办公室发布《即时通信工具公众信息服务发展管理暂行规定》，即"微信十条"。随着这些措施的实施，对网站和用户行为的约束会更严，网络环境会有较大改观。

第四节　进一步缓解信息不对称面临的障碍

从根本上说，互联网金融靠的是数据。进一步发挥互联网金融的优势，促进其健康发展，关键是要突破数据开放共享这道"坎"。目前存在的主要障碍如下。

一、数据产权不清晰

明确界定商业数据的产权，是规范互联网企业采集、整理、编纂行为，促进交易转让和再利用的制度基础。早在1996年，欧盟就专门发布《欧盟数据库指令》，明确"数据库制作者权"保护规则。1999年，新加坡将著作权扩展到网络著作权，保护"任何形式的编纂物"的著作权。美国在版权法之外以侵权法有限赋权，保护权利人的合法权利。在这方面，我国尚无统一界定。其中，对构成著作权的商业数据，通过《著作权法》进行保护，如"中国知网"、"万方数据"。对不构成著作权但构成商业秘密的商业数据，通过《反不正当竞争法》进行保护。但对除此之外的其他商业数据，在产权界定上尚无专门制度，主要靠援引相关法律原则解决争议。随着大数据技术的普及，数据交易、数据挖掘会更为深入，这些问题也将更为凸显。

二、数据标准不统一

互联网业务类型繁多，从业主体庞杂，收集的数据五花八门，在数据结构、文件格式、界面标准等方面存在诸多不一致，数据难以流转、兼容和共享。而美国以微软、甲骨文等公司为龙头，建立了商业化第三方数据交易市场，推动数据标准化和交易利用。2014年2月，我国首个面向数据交易产业平台中关村大数据交易产业联盟成立，力图依托第三方标准研究机构、龙头企业及重点单位，试水研究数据交易行业标准，建立可信的数据交易平台，推动数据资源开放、流通和应用。我国在这方面还处于起步阶段，包括大数据分类，不同数据口径之间的衔接，数据源之间的整合，数据输出格式，应用指标含义、口径等，都需要明确规范，建立统一的数据标准，为大数据的公开、共享和充分利用打好基础。数据质量也令人堪忧，收视率网上投票等数据造假比比皆是。

三、公共数据不开放

从全球看，主要国家纷纷加入政府数据开放之列。2009年1月，美国总统奥巴马签署了《开放透明政府备忘录》，要求建立更加开放透明、参与、合作的政府。同年，美国政府数据门户网站（www. data. gov）上线，美国联邦行政管理和预算局（OMB）向白宫提交的《开放政府令》获批准，全球开放数据运动由此展开。2012年3月，美国政府发布《大数据研究和发展规划》，将大数据提升到国家战略层面。2011年9月20日，巴西、印度尼西亚、墨西哥、挪威、菲律宾、南非、英国、美国8个国家联合签署开放数据声明，成立开放政府伙伴（Open Government Partnership，OGP），迄今为止已有60多个成员国。2013年6月，八国集团首脑在北爱尔兰峰会上签署《开放数据宪章》。此外，欧盟修改了公共部门信息再利用指令，日本颁布再兴战略，澳大利亚发布公共服务大数据战略。目前，美国政府数据门户网站的原始数据文件超过 40 万种，涵盖农业、气象、金融、就业、交通、能源等近 50 个分类。

　　据统计，我国 80% 左右的公共数据掌握在政府部门及相关企事业单位手中，这些来源权威、代价高昂、可信度高的数据向社会开放严重不足。主要原因是不同部门和地方的信息系统自建、自管、自用，长期积累的业务数据独家垄断，封闭分割，获取难度大。如气象、民航、道路、公安、工商、知识产权等众多部门的数据开放范围小，收费高，制约了数据共享和再利用。近两年，北京、上海为促进本地信息经济发展，率先自发探索建立了公共数据开放网站，提供查询、下载，但开放数据量少，连续性不强，社会上要求加大数据开放力度的呼声比较高。

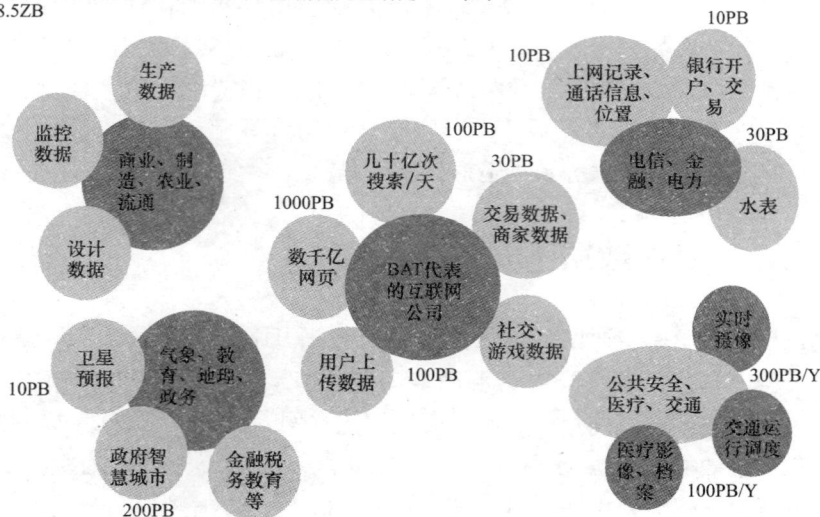

各行各业数据无处不在

2013年中国产生的数据总量超过0.8ZB（相当于8亿TB），相当于2009年全球的数据总量，预计到2020年，中国产生的数据总量将是2013年的10倍，超过8.5ZB

图 5-2　中国大数据分布

资料来源：中关村数海大数据交易平台。

专栏11 实施大数据战略的机遇与挑战

我国既是经济大国、人口大国，也是数据大国。作为全球第二大IT市场，我国数据存量和增量巨大，是全球互联网用户、移动互联网用户最多的国家。据麦肯锡预测，2020年，我国数据总量将达8.4ZB。大数据产业和技术基础初步成形。例如，百度包括"开放云、数据工厂、百度大脑"在内的核心大数据开放，成为全球首个开放的大数据引擎；基于服务器上储存超过100PB已处理数据的阿里，近期推出国内首个面向政府开放的大数据产品——"阿里全国经济云图"，可为各级政府自助查询当地多维电子商务数据，并提供决策支持。然而，相比领先国家，我国仍面临诸多战略风险与挑战。

一是缺乏比较明晰的大数据战略顶层设计，大数据作为战略性资源地位尚未凸显。我国大数据战略的国家顶层设计尚未出台，作为基础性资产以及国民财富的重要地位尚未凸显，特别是与之适应的生产关系、制度安排等仍处于空白。

二是条块分割体制壁垒和"信息孤岛"，阻碍国家治理中的数据开放和共享。围墙里的大数据注定成为死数据。目前，我国金融信用信息基础数据库已为1859.6万户企业和其他组织及8.2亿自然人建立了信用档案，但这些数据第三方机构难以获得。长期以来，由于条块分割管理体制限制，各级政府部门间的信息网络往往自成体系、相互割裂，数据难以实现互通共享，导致政府掌握的大数据大都处于割裂、闲置和休眠状态。同时，由于政府部门业务管理信息系统开发和建设的"部门化"，政府信息系统出现"系统林立"和分裂状态，公共信息资源重复采集现象严重，政府治理成本偏高。

三是传统治理思维和治理体制在大数据时代明显不适应，数据治国的意识较为滞后。世界范围内，大数据正重构政府、市场、社会三者关系模式，使国家治理结构实现从政府主导的治理结构转向多元共治，由决策科层制转向扁平化。然而，我国现有国家治理体制已明显不适应大数据时代新趋势变化，不少政府部门尚未意识到利用大数据改造传统政府治理和政府流程再造的革命性影响。

四是法制建设滞后，维护"数据主权"的法律标准框架严重缺失。我国大数据法治建设明显滞后，用于规范、界定"数据主权"和数据资产的相关法律普遍缺失，缺乏有效的大数据思维和法律框架。

五是全球大数据战略博弈升级，我国面临较大数据安全与数据防御风险。当前，借助大数据革命，美国等发达国家全球数据监控能力升级，造成我国数据安全和数据防御风险上升。根据"棱镜门"事件披露的信息，美国政府和大数据公司紧密结成"美国数据情报联合体"，共同对全球数据空间进行整体性监控分析，构筑"数据霸权"。

（摘自中国行政体制改革研究会"大数据和国家治理"课题组研究报告，课题组主要成员：魏礼群、王露、张茉楠等）

第六章　火爆背后的风险与隐忧

互联网金融之所以备受关注，不仅在于其令人眼前一亮的表现，还在于对其安全性的担忧。从 2014 年以来暴露的风险案件看，互联网金融并非一好百好，而是一把"双刃剑"，在带来便利和效率的同时，既有金融业固有的风险，也有与新技术伴生的安全隐患。

第一节　风险叠加

互联网本身就是一个开放、虚拟、跨界的平台，一点接入全网皆通，风险扩散快、波及面广。我国作为一个发展中国家，无论是核心器件、应用软件，还是域名、互联网协议地址（IP）、根域名解析服务器①等关键资源和基础设施，都先天不足。比如，集成电路自给率不足 10%，高端路由器、服务器、存储设备等产品的核心处理器（CPU）几乎全部依赖国外，国外操作系统占比 85% 以上，金融系统对国外软硬件产品的依赖程度更高。据国家信息安全漏洞共享平台（CNVD）检测，思科（Cisco）、友讯（D-link）等主流网络设备生产厂商的多款路由器存在后门或漏洞。在此情况下，网络安全形势十分严峻。

一是网络攻击猖獗。各种病毒、木马不断翻新演化，篡改网站、攻击

---

① 任何域名解析都要经过根域名解析服务器获得顶级索引。目前，全球共有 13 台域名根服务器。1 个为主根服务器，放置在美国。其余 12 个均为辅根服务器，其中美国 9 个、英国 1 个、瑞典 1 个、日本 1 个，由互联网名字与编号分配机构 ICANN 统一管理。ICANN 是一个非营利性的国际组织，负责互联网协议（IP）地址的空间分配、协议标识符的指派、通用顶级域名（gTLD）以及国家和地区顶级域名（ccTLD）系统的管理以及根服务器系统的管理。

服务器等案件持续激增。2014 年，360 网站安全检测平台发现存在安全漏洞的网站 61.7 万个，其中存在高危安全漏洞的网站共有 27.9 万个，分别占扫描总数的 37.6% 和 17.0%。发现被篡改的网站 17.7 万个，存在后门的服务器 3465 台，分别占扫描总数的 10.8% 和 41.2%。统计显示，服务器删除新发现后门的平均周期为 8.3 天。360 网站卫士平均每天拦截漏洞攻击 209.6 万次。

二是网络诈骗高发。据国家互联网应急中心（CNCERT）检测，2014 年我国仿冒网页增长 2.1 倍，中国反钓鱼网站联盟处理钓鱼网站 5.1 万个。百度安全中心数据显示，2014 年该中心扫描到虚假金融网页 1.5 亿个。需要警惕的是，快速普及的移动互联网智能终端存在用户短信验证码被拦截、手机卡被复制等风险。

三是网络防护脆弱。世界银行数据显示，我国每百万人共享安全服务器仅 3.1 台，在 148 个国家中排在 111 位。互联网金融企业规模小，安全防护投入严重不足，技术人才匮乏，秘钥管理不到位，相当多的互联网金融企业没有灾备。上述风险隐患直接移植到互联网金融，很容易造成系统瘫痪、信息泄露和财产损失。2013 年下半年，P2P 网贷平台一度成为被黑客勒索、攻击的重灾区。比如，2013 年 9 月 19 日，深圳金海贷网站被黑客攻击，网站无法正常运行，投资人陷入恐慌。2013 年 10 月，银实贷网站因黑客攻击导致系统瘫痪，出现挤兑。2013 年 12 月，广东地区 e 速贷、通融易贷、快速贷、融易贷、融信网等网站集中被黑客攻击。

我国互联网金融还处于起步阶段和摸索期，又"网来网去"，难免鱼龙混杂，出现非法集资、流动性不足、违规经营等风险隐患。主要表现在以下几个方面：

一是非法集资。目前，办一个 P2P 网站成本很低，在淘宝网上几十元就可以买到 P2P 模板，这为一些不法分子披着"高科技的外衣"非法集资提供了便利。有的变相提供担保，有的非法吸收公众存款，有的挪用客户沉淀资金形成资金池。2015 年上半年，发生倒闭、跑路、提现困难等各种问题及主动停业的 P2P 平台 440 家，同比增长 6.7 倍。这些问题平台，不少涉嫌非法集资。

二是流动性风险。基于互联网的货币市场基金变现期限短，如余额宝等产品甚至可以即时消费和变现，在申购资金稳定或规模不断扩张的情况下，这对消费者很有吸引力，一旦形势逆转，就会出现大规模变现或挤提，导致严重的流动性问题。

三是产品异化。一些 P2P 平台脱离居间服务的定位和宗旨，搞"类证券"、"类期货"杠杆业务。如宜信部分业务中将债务证券化再加杠杆进行出售，造成了 8 亿元的不良贷款，代销的 8000 万元理财基金产品兑付逾期。

四是违规经营。大部分 P2P 平台采取第三方担保模式，且担保的倍数远超过 10 倍的法定警戒线。还有一些互联网理财平台从事票据业务并违规补贴，如新浪"微财富"平台出售的"票据宝 14016"年化收益率 9.8%，其中微财富补贴 1%、发行公司再补贴 1.8%。

五是风险披露不足。比如，银行销售理财产品强制要求面签并录音录像，即便网络银行也要求首次面签，而购买互联网理财产品仅由客户线上点击确认即可。再如，余额宝推出之初，未在网页显著位置明确提示该产品存在的投资风险。有的 P2P 平台对客户投资资金去向模糊处理，很多业务细节披露不详。

表 6-1 2011~2014 年网络安全发案情况

单位：件

类别 \ 年份	2011	2012	2013	2014
木马	293345	190737	654442	861717
僵尸程序	182112	72652	650802	463895
蠕虫	149699	631532	315662	342908
垃圾邮件	139497	3417	271987	239250
拒绝服务攻击	6124	391532	268924	264762
计算机病毒	3566	4064	30291	1277850
网页篡改	3840	23725	28180	32474
网页挂马	1940	194847	20203	42743
网页仿冒	1230	10811	5578	43686
漏洞	911	16648	5321	22730
域名劫持	37	166091	3988	3289
非授权访问	608	3028	2527	27608
其他事件	18684	22170	404484	457591

资料来源：中国信息通信研究院。

表 6 – 2　2011～2014 年网络安全损害情况

年份 类别	2011	2012	2013	2014
木马或僵尸感染网络主机数（万个）	890	14197	1135	1109
木马或僵尸程序受控主机 IP 总数（万个）	2728	5272	2296	1399
木马或僵尸程序控制服务器 IP 总数（万个）	30	36	19	10
钓鱼页面（个）	3841	22308	30199	99409
篡改网站（个）	15443	16388	24034	36969
被植入后门网站（个）	16680	52324	76160	40186

资料来源：中国信息通信研究院。

　　从未来发展趋势看，随着云计算、大数据等技术的普及，互联网金融的风险隐患有增无减。在云计算方面：一是金融数据由内部存储、隔离防护和加密，转由云计算服务商托管，通过共享虚拟机进行逻辑隔离，很容易被"内贼"窃密。2013 年 3 月 28 日，支付宝用户转账信息被谷歌（Google）抓取，并对外提供搜索服务。二是云计算平台界面开放、资源共享，单体风险很容易扩展为系统性风险，"火烧连营"。2011 年 4 月，亚马逊公司在北弗吉尼亚州的云计算中心宕机①，导致包括回答服务 Quora、新闻服务 Reddit、Hootsuite 和位置跟踪服务 Four Square 在内的多个网站运营受到影响。三是存储资源反复使用和再分配，数据擦除可能不彻底，新用户可以通过还原窃取原用户数据。在大数据方面，由于数据来源日益多样化，数据开放程度不断提高，数据比对、关联性分析能力越来越强，使原本加密、匿名化处理的用户信息可能被提炼和萃取，保密难度更大。

第二节　信息泄露

　　数据是互联网金融的核心资源。如何解决海量数据处理与个人信息保护的天然冲突，是一个两难选择。我国对个人信息保护的主要依据是：2012

---

①　宕机是台湾地区计算机术语，就是通常说的死机。之所以叫宕机，应该是从英文 Down 音译过来的。

年 12 月全国人大常委会通过的《关于加强网络信息保护的决定》，2013 年 7 月工业和信息化部发布的《电信和互联网用户个人信息保护规定》。这些规定或者过于原则，或者惩罚措施不够严厉，还没有形成尊重隐私、保护个人信息的社会氛围。而美欧等发达国家在这方面相当严格。如美国通过《宪法》第四修正案、《隐私权法》、《电子通信隐私法》和判例，将隐私权上升为宪法权利，并制定了完善的保护规则。欧盟 1995 年就通过了《个人数据保护指令》。

从目前互联网金融使用的数据看，涉及的个人信息十分广泛，包括个人身份、信用、财产、上网行为、消费记录等信息，在信息收集、交易、存储等各个环节都存在不少泄露和滥用风险。一是过度收集用户个人信息。如 2014 年 3 月携程网未经用户同意，收集用户银行卡卡号、信用卡 3 位数安全码（CVV 码）① 及 6 位数银行标识代码（BIN 码）②，导致大量用户解绑银行卡。二是非法交易海量用户信息。如 2010 年支付宝前员工将 20 吉字节（GigaByte）的支付宝用户资料有偿出售给其他电商公司和数据公司，涉及上千万用户的姓名、手机、邮箱、住址、消费记录等个人信息。三是信息保护不到位。以 P2P 平台为例，建立信息保护制度的企业占比不到 1%。2013 年，近 70 家 P2P 平台由于黑客篡改、窃取数据而倒闭。2014 年，160 多家 P2P 平台由于黑客攻击造成系统瘫痪，数据被恶意篡改。四是个人信息识别难度大幅降低。利用云计算、大数据技术可以大规模"扫号③"，暴

---

① 信用卡安全码，是信用卡上的一组 3 位或 4 位数字。其生成方法是银行将卡片账号、有效期、服务代码提取出来，排列后再经过一系列复杂的算法算出来的。这组数字在生成之后，就只有发卡银行和银行卡的持有者知道该数字是多少。信用卡安全码就相当于信用卡的身份证，消费者可以凭此码进行消费交易。

② 银行卡的标识代码是标示发卡机构和持卡人信息的号码，由以下三部分组成：发卡行标识代码（BIN 号）、发卡行自定义位、校验码。银行标识代码（BIN），英文全称是 Bank Identification Number。BIN 由 6 位数字表示，出现在卡号的前 6 位，由国际标准化组织（ISO）分配给各从事跨行转接交换的银行卡组织。目前，国内银行卡按照数字开头的不同，分为不同的银行卡组织归属，其中以 BIN 码"4"字打头的银行卡属于 VISA 卡组织，以"5"字打头的属于 MasterCard 卡组织，以"9"字和"62"、"60"打头的属于中国银联，而"62"、"60"打头的银联卡是符合国际标准的银联标准卡，可以在国外使用，这也是中国银联近几年来主要发行的银行卡片。

③ 扫号是指专门盗号的黑客利用软件检查本地（区）IP 的数据包，通过分析找出账号密码，然后整理成信的形式。

力破解用户账号和密码，进而通过数据库关联性分析和交叉验证"撞库①"，掌握用户在不同网站的账号和密码。麻省理工学院研究显示，只需要 4 个参照因素就可以确认 95％的个人身份。近年来，不断出现的人肉搜索②就是例证。

从未来发展趋势看，互联网金融企业为了提高竞争优势，会充分运用更加先进的技术手段，精确识别用户身份和偏好，精准营销，对个人信息保护的挑战越来越大。艾瑞咨询和腾讯电脑管家共同发布的《2013 年个人网络安全年度报告》显示，七成网民表示对网络安全持担心态度。

专栏12 "人肉搜索"的发展阶段及案例

人肉搜索 1.0。这个阶段以公布个人资料为重点。比如，2001 年微软陈自瑶事件，人肉搜索引擎首次发动，根据一张照片爆出照片主人的大部分个人资料。

人肉搜索 2.0。这个阶段基本确定了搜索方法，先在人格上进行分析，然后推测私人信息，最后发出通缉令。比如，2006 年 2 月"虐猫事件"，短短 6 天之内将虐猫视频的 3 个嫌疑人锁定。这是人肉搜索的标志性事件，第一次彰显了网络调查的能力。

---

① 撞库是"黑客"通过收集互联网已泄露的用户和密码信息，生成对应的字典表，尝试批量登录其他网站后，得到一系列可以登录的用户。很多用户在不同网站使用的是相同的账号密码，因此"黑客"可以通过获取用户在 A 网站的账户从而尝试登录 B 网址，这就可以理解为撞库攻击。

② 人肉搜索引擎最早起源于"猫扑网"，属于社会性搜索中的问答式搜索（Q&A），是由人工参与解答而非搜索引擎通过机器自动算法获得结果的搜索机制。先是一人提问，然后八方回应，通过网络社区集合广大网民的力量，追查某些事情或人物的真相与隐私，并把这些细节曝光。从这个角度看，新浪爱问、百度知道、雅虎知识堂本质上都是人肉搜索引擎。人肉搜索引擎由于通过人工参与来提炼搜索引擎结果，更有针对性，比自然检索结果更能满足搜索者的需求。人肉搜索中或许没有标准答案，但人肉搜索追求的最高目标是：不求最好，但求最肉。
基本原理：只要在网上"生活"过，就会留下脚印，就能搜索得出来。
常用战术：a. 利用 Google、百度等超强搜索功能，不断变换输入关键词。b. 从被查的人那里入手，比如，查他朋友的博客，经常有意外的收获。c. 不放过搜索一些常用网站，如易趣、淘宝等，或者一些大型论坛，如天涯、猫扑、新浪等。对方都可能留下注册痕迹。d. 通过对方的 ID 或邮件地址，查出其 IP 号，可以获得各种"马甲"的真实身份。e. 如果知道对方所在城市，利用 Google 卫星地图查到他户外照片的确切所在地。f. 具备一定的逻辑分析能力，整合梳理庞杂信息，拼凑出可被验证的调查结果。

人肉搜索 3.0。这个阶段引擎加快升级，效率越来越高，影响力不断扩大。除了公开被搜索人的个人资料，开始曝光家庭、工作单位等相关信息。比如，2006 年 4 月"铜须门"事件，受害人群较前两次变得更多。网友不仅调查到"铜须"的身份，还将他的求职简历、家庭电话、手机号、学校电话以及照片公布，发布"江湖追杀令"，呼吁全社会封杀"铜须"。一场网络事件演变成一场大规模的社会讨伐。

人肉搜索 4.0。这个阶段引擎继续升级，速度更快，资料更全，攻击更猛，无辜人群更多。比如，2007 年 4 月钱军打人事件，几个小时之内，殴打老人者钱军及其妻子的电话号码、身份证号码、家庭住址、工作单位、孩子上学的学校全部曝光，网民试图通过派出所惩治钱军，网络行动开始影响司法判决。

人肉搜索 5.0。这个阶段开始走向人性化、理智化，网友趋于理智，理性参与讨论。比如，2007 年底"华南虎事件"，大部分网民开始理性看待和参与讨论，意见和观点主要基于摄影、生物、常识等不同角度的技术分析，体现出追求真相的愿望。

第三节 跨界经营

与传统金融不同的是，互联网金融基于开放的平台，产品和业务创新层出不穷，没有经营范围、地域等制约。一是混业经营。目前，互联网金融企业涉足多种金融业务已是常态。比如，蚂蚁金服的业务种类包括第三方支付、信贷、理财、保险、信托投资等，并准备开展征信、清算业务。再如，腾讯公司经营范围涉及第三方支付、理财、证券，并已持有民营银行牌照。二是跨地区经营。互联网金融企业注册地集中在北京、上海、杭州、深圳等地，服务范围却覆盖全国各地。比如，蚂蚁金服注册地在杭州，余额宝的浙江用户仅占 6.7%，排在江苏、广东、山东、河南、四川之后。三是跨境经营。目前，已有一些互联网金融企业开展跨境支付服务，如国际版支付宝（Escrow）、快钱、财付通等。美国 Ripple Labs 在大中华区的总代理——北京锐波公司，通过开发基于互联网的去中心化清算结算协议，撮合不同国别付款人和收款人之间的支付信息，实现了任意币种包括比特币之间的便利就近低成本清算。

表 6 – 3 主要互联网金融企业跨界经营情况

| | 业务种类 | | | | |
	第三方支付	保险	基金证券	小额贷款	众筹
阿里巴巴	支付宝（2003）	筹建蚂蚁金服公司（2013）			
		淘宝保险平台（2010）	余额宝（2013）	阿里小贷（2010）	淘宝众筹（2013）
		众安保险（2013）	控股天弘基金（2013）	天猫赊销（2014）	
		娱乐宝（2014）			
腾讯	财付通（2005）	众安保险（2013）	股票软件"益盟操盘手"（2011）	财付通网络金融小额贷款（2013）	腾讯乐捐（2012）
			理财通（2014）		
百度	百付宝也称百度钱包（2008）	百度财富（2014 年整合）	百发、百赚（2013）		百度理财（含众筹，2013）
京东	网银在线（2012 年收购）	京东保险平台（2012）、京东自营保险理财产品（2014）、京东小金库（2014）、小银票（2014）	京保贝（2013）		京东凑份子（2014）
			京东白条、校园白条（2014）		

资料来源：阿里巴巴、腾讯、百度、京东网站。

　　我国实行的是分业监管体制，如果按照现有的框架监管互联网金融，可能面临一系列挑战。比如，如何在各种不断创新的业务和产品之间建立风险防火墙，如何解决异地监管面临的职责划分、信息获取、调查取证、整改落实等难题，如何防范跨国洗钱、热钱大进大出等问题，如何提高身份认证、主体溯源的可靠性和网站接入备案的准确性，等等。

第四节　垄断初现

　　网上竞争"只有第一第二，没有第三第四"。互联网龙头企业凭借技术、资金、人才等优势，很容易自我强化，迅速做大，其他企业很难再找到发展甚至生存的空间。从我国互联网企业发展现状看，在搜索引擎、电子商务、即时通信、杀毒软件等领域，已经形成寡头垄断的格局。艾瑞咨询数据显示，2014 年，百度占有 81.6% 的搜索市场份额，排在其后的谷歌中国、搜狗和 360 搜索分别占 10.3% 、4.3% 和 2.8% 。天猫、京东、苏宁易购、唯品会分别占 B2C 购物市场份额的 61.4% 、18.6% 、3.2% 和 2.9% 。2014 年 4 月，腾讯与京东两大巨头联手，也未能撼动淘宝的垄断地位。腾讯的手机 QQ、微信占移动即时通信市场份额的 83.7% ，排在其后的阿里旺旺、歪歪、飞信加起来也才占市场份额的 16.3% 。

　　互联网金融虽然有着很强的"草根性"，但也很难跳出网络发展的规律，很有可能经过大浪淘沙，形成"赢者通吃"的局面。目前，第三方支付、互联网理财已出现这个趋势。艾瑞咨询统计数据显示，2014 年支付宝占第三方互联网支付市场的 49.6% ，排在第二的财付通、第三的银商分别占 19.5% 和11.4% 。据中国证券投资基金业协会统计，2014 年余额宝占货币市场基金的27.7% ，远高于第二名工银瑞信的 12.0% 、第三名华夏基金的 11.8% 。在众筹融资中，原始会占市场份额的 47.9% ，排在第二名的人人投仅占 9.3% 。P2P 网络贷款市场集中度还不算高。尽管这种现象还没有引起各方面关注，但其负面影响不可忽视，可能会出现强制搭售、垄断定价等滥用市场支配地位的行为，抑制竞争和创新，不利于互联网金融健康发展。

表 6－4　2014 年互联网业务市场份额

	第 1 位（占有率）	第 2 位（占有率）	第 3 位（占有率）	第 4 位（占有率）
搜索引擎	百度（81.6%）	谷歌中国（10.3%）	搜狗（4.3%）	360 搜索（2.8%）
电子商务 B2B	阿里（34.3%）	我的钢铁网（19.9%）	环球资源（5.1%）	慧聪网（4.2%）
电子商务 B2C	天猫（61.4%）	京东（18.6%）	苏宁易购（3.2%）	唯品会（2.9%）
PC 即时通信	腾讯 QQ（83.7%）	阿里旺旺（8.8%）	歪歪（2.4%）	飞信（1.0%）
移动即时通信（IM）	腾讯 QQ（51.55%）	微信（43.4%）	Line（2.22%）	陌陌（1.88%）
杀毒软件	奇虎 360（42%）	赛门铁克（18%）	瑞星（13.5%）	MCAfee（11.5%）

资料来源：中国电子商务研究中心、艾瑞咨询、赛迪顾问。

表6-5　2014年互联网金融业务市场份额

	第1位	第2位	第3位	第4位
第三方互联网支付	支付宝 (49.6%)	财付通 (19.5%)	银商 (11.4%)	快钱 (6.8%)
互联网货币基金	余额宝 (27.7%)	工银瑞信 (5.9%)	南方基金 (4.7%)	华夏基金 (4.2%)
P2P网络借贷	红岭创投 (4.5%)	陆金所 (3.7%)	温州贷 (3.2%)	鑫合汇 (1.9%)
股权众筹融资	天使汇 (74.6%)	原始会 (18.8%)	大家投 (3.8%)	天使客 (2.8%)

资料来源：艾瑞咨询、中国证券投资基金业协会、网贷之家、清科基金研究中心。

第五节　放大效应

　　互联网金融业务虽然规模还不大，但在短短两年内成为各界高度关注的热点。其背后的原因在于，互联网本身就是即时、互动、无边界的媒体，传播方式具有自组织、无中心、多方向等特点，互联网金融的用户大多是80后、90后"数字原住民①"，处理和传播的内容又是海量数据，这使互联网金融的风险极易扩散和发酵，稍有风吹草动，就可能掀起轩然大波，引发群体性恐慌，甚至造成系统性风险。比如，2013年4月，P2P网贷平台网赢天下存在"拆标②"等操作被曝光，立刻引起用户挤兑，随之倒闭。再如，2013年7月初，P2P网贷平台中财在线遭遇黑客攻击，部分用户数据泄露，此消息一经传出，立刻引发挤兑，当天出现600万元资金缺口。

　　值得注意的是，一些互联网金融企业利用网络传播特点，故意造势，

---

① 数字原住民，是美国哈佛大学网络社会研究中心和瑞士圣加仑大学信息法研究中心提出来的一个新概念（Digital Natives）。意为"80后"甚至再年轻些的这代人，一出生就面临着一个无所不在的网络世界，对于他们而言，网络就是他们的生活，数字化生存是他们从小就开始的生存方式。

② 拆标通常是指P2P网络借贷平台将长期借款标拆分成短期，将大额度借款标拆分成小额，从而造成期限和资金的错配。

吸引眼球。常用的手法有以下几种：一是制造热点。比如，2012年，互联网理财网站金玉恒通以年化45%的高收益率作幌子在各大媒体大肆宣传，吸引了全国各地大批投资者，实际上是借新还旧的庞氏骗局。2013年9月初，金玉恒通网站突然关闭，导致2万投资者的100亿元资金血本无归。二是夸大收益。2013年6月余额宝推出后，不少类似的理财产品号称年化收益率超过8%，实际上能达到的微乎其微。其中，天天基金使用"活动年化总收益10%"、"100%有保证"等夸大的宣传用语，却不充分揭示风险，被证监会处罚。三是虚假交易。P2P网贷平台网优易贷通过秒标①虚增交易量，并承诺18%～24%的年利率，造成虚假繁荣，误导投资人，骗取近2000万元资金跑路。

专栏13　互联网金融主要风险隐患

中国社会科学院世界经济与政治研究所国际投资室主任张明在2013年11月13日英国《金融时报》上撰文指出，与传统的金融产品相比，互联网金融产品面临如下几个重要风险。

第一，信用违约风险，即互联网理财产品能否实现其承诺的投资收益率。有的预期收益率高达8%，如何实现这么高的收益？除了给企业做过桥贷款以及给房地产开发商与地方融资平台融资，还有哪些高收益率的投资渠道?!

第二，期限错配风险，即互联网理财产品投资资产是期限较长的，而负债是期限很短的，一旦负债到期不能按时滚动，就可能发生流动性风险。

第三，最后贷款人风险。与互联网金融不同的是，商业银行最终能够获得央行提供的最后贷款人支持。互联网金融面临监管缺失的格局，如果缺乏最后贷款人保护，一旦互联网金融产品违约，最终谁来买单？互联网金融企业有能力构筑强大的自主性风险防御体系吗？

除上述传统风险外，互联网金融产品还面临一系列独特风险。

其一，法律风险。互联网金融尚处于无门槛、无标准、无监管的"三无"状态，导致部分互联网金融产品（尤其是理财产品）游走于合法与非

---

① 秒标是指P2P网贷平台为招揽人气发放的高收益、超短期限的借款标的，通常是网站虚构一笔借款，由投资者竞标并打款，网站在满标后很快就连本带息还款。

法之间的灰色区域，稍有不慎就可能触碰到"非法吸收公众存款"或"非法集资"的高压线。由于缺乏门槛与标准，导致当前中国互联网金融领域鱼龙混杂，从业者心态浮躁、一哄而上，一旦形成互联网金融泡沫，并出现较大幅度违约的格局，很容易导致政府过早收紧对互联网金融的控制，从而抑制行业的可持续发展。中国的互联网金融业应避免重蹈当年信托业、证券业发展初期的覆辙。

其二，增大了央行进行货币信贷调控的难度。一方面，互联网金融创新使得央行的传统货币政策中间目标面临一系列挑战。比如，虚拟货币（例如 Q 币）是否应该计入 M1？再如，由于互联网金融企业不受法定存款准备金体系的约束，这实际上导致了货币乘数的放大。又如，如何来看待传统货币与虚拟货币之间的互动与转化？另一方面，互联网金融的发展也削弱了中央政府信贷政策的效果。例如，如果房地产开发商传统融资渠道被收紧，那么很可能会考虑到通过互联网金融来融资。

其三，个人信用信息被滥用的风险。由互联网金融企业通过数据挖掘与数据分析，获得个人与企业的信用信息，并将之用于信用评级的主要依据，此举是否合理合法？通过上述渠道获得的信息，能否真正、全面、准确地衡量被评级主体的信用风险，这里面是否存在着选择性偏误与系统性偏差？

其四，信息不对称与信息透明度问题。谁来验证最终借款人提供资料的真实性？有无独立第三方能够对此进行风险管控？如何防范互联网金融企业自身的监守自盗行为？

其五，技术风险。与传统商业银行有着独立性很强的通信网络不同，互联网金融企业处于开放式的网络通信系统中，TCP/IP 协议自身的安全性面临较大非议，而当前的密钥管理与加密技术也不完善，这导致互联网金融体系很容易遭受计算机病毒以及网络黑客的攻击。对交易系统、数据系统等进行持续的高投入，无疑会加大互联网金融企业的运行成本，削弱其成本优势。

第七章　政策建议

总的看，当前互联网金融仍处于发育、成长乃至试错的阶段，产品、业务、组织形式等还不定型，未来走向也有待观察。现阶段应给予互联网金融足够的宽容，监管措施宜粗不宜细，看不准的事宁可不为，也不能乱为。建议坚持问题导向，有什么问题就解决什么问题，着力破除不必要的障碍，促进互联网金融健康发展。

第一节　因势利导，鼓励创新

这个"势"，主要体现在两个方面：一是互联网技术创新日新月异，应用越来越广泛。二是互联网与金融深度融合势不可当，迸发出巨大的能量。更为重要的是，互联网金融已经在实践上进行了有益探索，创造了不少成功的做法，涌现出一些很好的"苗子"。因此，应顺势而为，趋利避害，更好地发挥互联网金融这一新生事物的积极作用。

专栏14　互联网金融怎样才有生命力

拉卡拉集团董事长兼总裁孙陶然2015年5月4日在《人民日报》上就互联网金融发表感言，他指出，互联网金融的特色是海量用户、高频交易、金额较小。当你拥有海量用户，掌握用户的金融交易数据，再去做金融服务，起步速度会非常快。拉卡拉用10年积累了海量用户和商户，这些大数据能帮助普通人高效率、低成本地使用金融工具。全文如下：

在我的理解中，互联网有三个明显的特点：第一是低成本，第二是高效率，第三是大渗透率，可以渗透到原来难以到达的地方。所以"互联网＋"就是把互联网技术引入各个传统行业里，可以降低成本，提高效率，并且扩大渗透率。

而在互联网金融领域，我认为，只有综合性的公司才会有顽强的生命力。单一的、垂直功能的新公司，要付出很多成本寻找和发展用户。我看到一个数据，P2P公司有时候获得一个用户的成本达到了500多元，这实在太高了。此外，单一的、垂直功能的新公司又因不掌握用户的金融数据，对用户的金融能力没有办法评估，无法控制交易风险，导致很难形成良性循环，发展更加难以长久。

目前，拉卡拉已成为拥有支付、信贷、理财、征信等全业务链条的综合性互联网金融公司，自身已经形成一个良好的生态体系，能够涵盖用户日常所有的金融需求。支付是刚性需求，为我们带来了海量的个人用户和企业用户，目前，我们已有近1亿用户和超过300万商户，并且数据还在持续增长。

当你拥有海量用户，掌握用户的金融交易数据，再去做金融服务，起步速度会非常快。在对用户数据掌握的基础上，我们建立了考拉征信，并发布了考拉信用分，其中，商户信用分是中国第一家发布的，个人信用分也只比第一家晚了一个多星期。

在征信的基础上，推出信贷产品就变得很容易了。比如说，拉卡拉第一个个人短期贷款产品是"替你还"，每个月会给3万多个用户提供贷款。如果你找到两家企业，每家贷5000万元，再把钱收回来，是比较容易的。但是你要找3万多人，借给每人5000元，再收回来，这是很难的事，这样的业务只能基于互联网、基于征信的大数据，才能对良性的运转结果有保障。

我们目前已经有多款信贷产品，后续还会推出更多，它们有几个共同点。第一，考拉信用分是依据，不需要抵押担保。第二，在互联网上交易，最快的放款时间是15秒。第三，客户量大，单笔金额较小。

也正是基于互联网的低成本、高效率、大渗透率，才成就了互联网金融典型的特色——海量客户、高频交易、金额较小。但这些特色的累积，却能产生非常巨大的交易量。

（摘自《人民日报》2015年5月4日第10版，人民日报记者姚懿文整理）

一、积极开展普惠服务

长期以来，我们在解决小微企业、"三农"等薄弱环节融资难融资贵方面下了很大功夫，但效果并不理想。然而，"无心插柳柳成荫"，互联网金融借助技术的力量，拓宽了小额、零散、个性化投融资服务渠道，形成了有别于传统金融的长尾优势。主要表现在：一是互联网金融能够提供更加个性化的服务，有助于满足小微企业和"三农"多样化、差异化的融资需求。二是互联网金融能够简化融资环节，降低企业融资成本。比如，阿里小贷单笔小额信贷操作成本为2.3元，而银行单笔信贷操作成本在2000元左右。三是互联网金融依托电子商务平台积累的海量交易数据，能够使资金供需双方直接对接起来，发挥征信功能。四是互联网金融利用大数据技术，能够比较准确地评估企业的还款能力和还款意愿，开展风险预警。总的看，互联网金融在支持小微企业、"三农"方面仍有很大潜力可挖。

从互联网金融的实践看，那些基于互联网技术和实际交易需求的普惠服务比较活跃。如阿里小贷、京东白条等发展势头强劲，既在一定程度上缓解了小微企业和"三农"融资难、融资贵问题，也为互联网金融企业蹚出了一条新路子。值得注意的是，一些互联网金融机构广告标语"刷墙"潮在农村地区出现。蚂蚁金服制订了"千村万县"计划，在3~5年内投资100亿元，建立1000个县级运营中心和10万个村级服务站。京东将在10万个村庄签约数万村级代理员，他们既是农村物流的终端，也是京东在农村的信贷员。而宜信从2009年就开始推出公益性农村信贷项目宜农贷和商业性信贷项目农商贷，2015年1月又发布第二个农村五年计划——谷雨战略。深耕农村的翼龙贷95%的贷款投向"三农"，目前已覆盖近10万个村庄。

从未来发展看，互联网金融应继续聚焦小微企业和"三农"，做好普惠服务的文章。这是与传统金融错位竞争，实现自身持续健康发展的需要，更是服务经济社会发展大局，支持薄弱环节的需要。既然将互联网金融定位于服务小微企业和"三农"，该放的权力就要放，该给的政策就要给。为此，应积极考虑互联网金融企业的诉求，放宽不必要的限制，给予相应的政策支持。

一是抓紧完善征信体系。目前，P2P网贷平台要求接入央行征信系统的呼声很高。为此，央行征信中心已通过下属的上海资信有限公司帮助P2P网贷公司建成了网络金融征信系统（NFCS）。截至2014年底，已接入网贷机构

370 家，收录客户 52.4 万人，日均查询量接近 5000 笔。从业务和技术上看，P2P 网贷机构接入征信系统不存在障碍，随着互联网金融监管政策的出台，这个问题有望解决。但是，目前央行征信系统仅收录了 3.2 亿人的信贷记录，并不能完全覆盖 P2P 网络贷款的个人客户。2015 年 7 月 8 日，中国人民银行印发《征信机构信息安全规范》、《金融信用信息基础数据库用户管理规范》，标志着征信体系向市场化的方向迈出了一大步。征信是一片蓝海，正在进入黄金发展期。这有待互联网企业去开垦，也需要有关方面给予积极支持。

专栏15　改善国内征信体系的可行途径

国泰君安证券公司首席经济学家林采宜等在《新金融评论》2014 年第 6 期发表题为《互联网金融时代的征信体系》的文章，提出了发展互联网征信的建议。主要观点如下。

（一）通过个人征信牌照管理，培育市场化征信机构

征信牌照管理是征信业规范发展的制度基础。2013 年颁布的《征信业管理条例》和《征信机构管理办法》为开设市场化个人征信机构提供了制度框架。目前，已有 20 家企业申请个人征信牌照。随着个人征信牌照下发，个人征信市场格局将日益走向多元化。人民银行征信系统仍处于基础地位；市场化征信机构依托不同的数据资源和行业特性，发展特色各异的征信产品和征信服务，与人民银行征信体系一起，共同构成立体的全息化的社会征信体系。随着征信市场空间的进一步打开，专家预测仅个人征信市场的收入就有望达到 1000 亿元左右，服务于个人征信和小微企业征信的机构将百花齐放，不同的征信机构将在产业链上扮演不同的角色，各自寻找自己擅长的利基市场①。

---

① 利基市场（Niche Market），指那些高度专门化的需求市场。Niche 来源于法语。法国人信奉天主教，在建造房屋时，常常在外墙上凿出一个不大的神龛，以供放圣母玛利亚。它虽然小，但边界清晰，洞里乾坤，因而后来被引用形容大市场中的缝隙市场。在英语里，还有一个意思是悬崖上的石缝，人们在登山时，常常要借助这些微小的缝隙作为支点，一点点向上攀登。20 世纪 80 年代，美国商学院的学者们开始将这一词汇引入市场营销领域。菲利普·科特勒在《营销管理》中给利基下的定义为：利基是更窄地确定某些群体，这是一个小市场并且它的需要没有被服务好，或者说"有获取利益的基础"。通过对市场的细分，企业集中力量于某个特定的目标市场，或严格针对一个细分市场，或重点经营一个产品和服务，创造出产品和服务优势。

信用评级是高度依赖于社会公信力的金融服务业务，品牌效应所赋予的权威性、可信度决定了其征信产品的社会应用广度和深度。换句话说，信用评级基本模型的推广、应用和征信服务产品的市场接受度取决于征信机构本身的品牌信誉和社会公信力。鉴于这一点，目前上海资信、深圳鹏元、安融惠众、陆金所、阿里、腾讯等机构有望成为征信行业标杆企业。

同时，鉴于"数据来源于第三方，应用于第三方"已成为征信行业的共识，这些拥有独特数据优势的企业应该成立独立的征信公司，从而最大限度地实现征信服务的社会化。

征信服务产品化有望解决 P2P 平台风控短板问题。由于无法接入人民银行征信系统，P2P 平台一直缺乏有效的信用评价工具，因此多采用实地调查或抵押等增信措施，风控短板凸显。阿里"芝麻信用"、陆金所"信用评级"等征信服务产品有望成为人民银行征信产品的补充，提升 P2P 平台风控水平。

（二）加强对"大数据"在征信行业应用的监管

通过立法明确新兴信用信息源的应用规范。目前，部分征信机构依靠技术手段，以电子商务、社交网络为平台，大量采集用户信息，通过分析客户的交易数据、选择偏好、消费规律和信誉评价等信息，提供正规的信用信息服务。这些新兴的信用数据可以成为传统征信手段的有益补充，但目前《征信业管理条例》和《征信机构管理办法》尚未明确其合法性和商业应用的规范。

通过立法明确禁止滥用"大数据"搜集非必要信息的行为。随着各种互联网平台的兴起，部分平台经营者打着信用消费的幌子，搜集并售卖贷款申请主体及家庭的生活信息、医疗、行程等隐私信息。对此，监管机构应该通过立法明确禁止非必要信用信息的搜集活动，以避免非法滥用"大数据"、侵犯公民隐私的行为，并在此前提下联合网监部门加强监督落实。

（三）建立征信行业协会并引导不同平台之间征信数据的互联互通

通过建立征信行业协会，推动不同平台之间共享黑名单数据。规范征信服务及相关产品的收费机制，为成员间纠纷提供仲裁及其他司法帮助，从而有效控制征信行业整体风险水平，强化行业规范和市场秩序。

二是推进股权众筹试点。众筹包括预售、项目、募捐、借贷、股权等多种模式，其中股权众筹是极具发展前景的领域。天使汇等国内众筹平台也一再呼吁放开股权众筹。发展股权众筹，最大的障碍来自《公司法》、《证券法》、非法集资等法律上的限制。比如，我国《公司法》规定，股份有限公司发起人应在 200 人以内，有限合伙制公司发起人应在 50 人以内。《证券法》第 10 条规定，向不特定对象发行证券的、向特定对象发行证券累计超过 200 人的，都属于公开发行证券。而公开发行证券必须通过证监会或国务院授权的部门核准，需要在交易所按一系列规则交易。即便在美国，2012 年 4 月奥巴马签署《创业企业融资法案》（Jumpstart Our Business Startups Act，简称"JOBS 法案"），才将股权众筹平台纳入合法化轨道。可喜的是，2014 年 11 月 19 日国务院常务会议提出，"开展股权众筹融资试点"。可以说，股权众筹试点已经箭在弦上，蓄势待发，抓紧把股权众筹做起来，能够开辟互联网金融的新天地。

三是研究制定针对互联网金融的支持政策措施。目前，农村信用社、农村商业银行、农村合作银行、村镇银行等主要服务于小微企业和"三农"的金融机构，在存款准备金率、营业税、金融产品准入、分支机构设立等方面，享有一些差别化的优惠政策。2014 年实施定向调控以来，进一步加大了扶持力度。建议参照这些政策措施，对主要服务小微企业和"三农"的互联网金融企业也给予一定的政策支持，树立聚焦小微企业和"三农"的风向标。

二、撬动大银行资金投向薄弱环节

作为我国银行业乃至金融业的主体，大银行[①]资产占银行业的 70% 以上，占金融机构的 2/3 左右，支持小微企业、"三农"等薄弱环节责无旁贷。小有小的好处，大有大的优势。大银行资金雄厚，网络健全，技术先进，人才充足，产品齐全，在公司治理、风险管理、内部控制等方面拥有成熟的经验和做法。把这些优势与新技术有机嫁接起来，一举多得，大有可为。这有利于针对小微企业和"三农"的需求特点加快金融创新，提高信贷的可获得性，扩大金融服务覆盖面；有利于降低企业融资成本，有效

---

① 这里的大银行包括国家开发银行、中国进出口银行、中国农业发展银行 3 家政策性银行，中国工商银行、中国农业银行、中国银行、中国建设银行、交通银行 5 家国有商业银行，民生银行、招商银行、浦东发展银行等 13 家股份制银行以及中国邮政储蓄银行，共 22 家。

控制融资风险；有利于大银行转型发展，打造新的盈利增长点，树立良好社会形象。

事实上，近年来各大银行在运用新技术破解小微企业、"三农"融资难融资贵方面，进行了积极探索。

中国工商银行推出的"网贷通"，可以使企业通过网上渠道自助提款和还款，既契合了小微企业"短、频、急"的融资需求，也节省了企业财务成本。小微公司逸贷基于 POS 收单收入等经营数据提供贷款服务，无须担保、抵押。融 e 购在整合企业信息流、物流、资金流的基础上，提供在线交易、支付、融资等一站式服务，帮助小微企业更加便捷地获得融资。

中国农业银行运用新技术构建以"一柜台、一张卡、一张网"为核心的新型服务模式。"一柜台"就是以 1.3 万个县域网点为基础，以业务处理信息化平台为依托，以新一代智能柜台为延伸的新型柜面服务。特别是在部分省市分行开展"超级柜台"试点，支持客户自助办理 50 多项非现金业务，实现客户免填单、柜员零录入，服务效率比人工提高 4～7 倍。"一张卡"就是面向农民发行的"惠农卡"，实行小额账户服务费、工本费、年费减免，目前发卡量已超过 1.5 亿张。"一张网"就是包括网上银行、电话银行、移动金融、网络融资等在内的互联网金融服务平台。

中国银行整合传统金融业务与网络金融，研发了"中银网络通宝"、"沃金融"、"一达通"等服务模式。"中银网络通宝"一点接入，全程响应，客户可以随时随地自助提款、用款、还款，实现了 7×24 小时移动式电子化融资服务。"沃金融"将全国电信制造商、数百万个小微代理商的线下交易搬到网上，实现全流程在线运行，凭借海量经营数据分析借款人信用状况，无抵押无担保发放贷款。"一达通"是利用深圳市一达通公司的交易结算记录和对外贸易信息建立模型，为中小外贸企业提供贷款、结算等综合金融服务。

中国建设银行 2000 年推出了企业网上银行服务，目前可提供近 200 项服务，企业足不出户就能办理各类业务。他们依托互联网技术开展了一系列在线融资服务，包括网上"快速贷款"、"网银循环贷"、"善融商务"、"五贷一透①"、小微企业零售评分卡等产品，都很好地适应了小微企业特别

---

① "五贷一透"是指中国建设银行开发的信用贷、善融贷、创业贷、税务贷、POS 贷、结算透等基于大数据的信贷产品。

是初创企业的融资需求，形成了一些行之有效的模式。

中国交通银行借助网银、银企直联等渠道，整合线上线下资源，为核心企业及其上下游小微企业提供结算、融资和信息管理等一揽子服务，如搭建"新商盟网上跨行支付系统"、BOSS 信用卡、惠农通等。

邮政储蓄银行创新"2224"模式，客户点击 2 次鼠标，最快 2 分钟就能放款，24 小时在线审贷，较好地满足了客户的需求。

招商银行、民生银行等股份制银行也积极运用新技术，不断加强小微企业和"三农"金融服务。

表 7-1　国有大型商业银行运用新技术开展小微企业和"三农"融资服务一览

银行	产品名称	推出时间	贷款余额（亿元）	客户（户）
工商银行	网贷通	2010 年	14700	66000
	小微公司逸贷	2013 年	40	4000
	融 e 购	2014 年	300	3000
农业银行	数据网贷	2014 年	0.36	86
中国银行	中银网络通宝	2014 年	2000	15000
	沃金融	2015 年	—	—
建设银行	快速贷款（快 e 贷、优 e 贷、质押贷）	2014 年 9 月	1.4	4098
	网银循环贷	2012 年	82	5339
	网络银行①	2007 年	116	1476
	善融商务	2012 年	500②	50000
	"五贷一透"	2012 年	73	10287
	小微企业零售评分卡	—	141	11255
交通银行	新商盟网上跨行支付系统	2012 年	43	40000
	BOSS 信用卡	2013 年	32	18200
邮政储蓄银行	线上保理	2014 年 4 月	0.42	46
	E 捷贷	2014 年 9 月	0.15	59

注：贷款余额及客户数为 2014 年底数据。

---

① 网络银行包括网络信息流、网络物流、网络资金流、网络供应链四大类产品 11 个子品牌（e 联通、e 速通、e 单通、e 棉通、e 保通、e 贸通、e 点通、e 销通、e 链通、e 集通、e 采通）。
② 此数为 2014 年发放额。

充分发挥大银行运用新技术支持小微企业和"三农"的作用，关键是认真总结经验，抓住重点环节，完善政策措施。

一是着力做好信息收集挖掘的文章，把数据转化为信用。小微企业、"三农"融资难融资贵，根本在于缺信息、缺信用。大数据、云计算等新技术有助于解决这一难题。小微企业、"三农"的信息往往比较零散。大银行本身客户多，数据基础好，如果再用好新技术的手段，就能够更多、更准确地了解客户信息，评估信用状况，减少对质押担保的依赖。

二是加快金融创新，扩大服务覆盖面。小微企业和"三农"贷款"短、小、频、急"，大银行要针对这些特点，运用新技术开发更多量身定做的产品和服务，增加金融供给，不仅贷得到，而且贷得快。移动互联等新技术能够突破时空的限制，使银行服务24小时不间断、城乡全覆盖。比如，以前农民工给家里寄钱要跑到银行柜台办理，现在用手机银行就能办理。

三是加大正向激励，营造良好环境。与大企业相比，小微企业和"三农"利润薄，大银行利用新技术创新金融服务也面临不少风险，这就需要在不良贷款核销、定向降准、绩效考核等方面给予一定的支持。同时，应健全信息征信体系，发展征信机构，探索建立政府出资的融资担保体系。

四是完善内外部监管制度，筑牢风险防线。大银行应从业务流程、产品设计、IT建设、客户维护、绩效考核等方面完善内控机制，加强信息与网络安全管理。外部监管应针对大银行线上业务的特点，不断完善产品准入、电子签章、面谈面签、受托支付等方面的监管要求，加强监管协调，提高监管有效性。

三、探索培育数据交易市场

当前，数据交易正在成为新的潮流。2007年，美国率先建立世界上第一个数据交易市场——美国结构数据有限公司（Factual. com），通过开放数据界面（API）和公共下载等方式，提供地理、娱乐、教育、医疗等数据在线交易服务。2009年，美国大数据初创公司InfoChimps成立。2010年，美国微软公司设立Datamarket、Azure两个数据交易平台。2012年，日本建立东北医学巨型数据银行，收集居民健康数据用于医学研究。我国也开始尝试数据交易。比如，2014年1月20日，北京率先成立中关村大数据交易产业联盟。2014年3月28日，中国互联网优质受众营销联盟（UMA）建立旨在推动数据中间交易的大数据平台（DMP）。一些互联网金融企业也积累了不少数据，如蚂蚁金服旗下的子公司芝麻信用，每天处理的信用数据量在30PB以上，相当于5000个国家图书馆的数据总量，其中包括大量用户网购、还款、转账以及个人信息等数据。

与土地、矿产等其他要素市场一样，数据交易有利于提高资源配置效率，促进信息共享，也将为互联网金融创造新的发展机遇。建议鼓励设立各种形式的数据交易平台，探索建立数据确权、保护、估值、定价等制度，运用市场机制促进数据流动、共享和开发利用，实现数据价值最大化。

同时，建立数据分类管理制度，从法律上划清公共数据、商业数据和个人信息的边界，公共数据免费开放，商业数据有偿使用，个人信息未经本人许可不得交易，更不得泄露。

当然，数据不是万能的。比如，基础数据不真实、分析能力不足等都会造成判断不准确，运用大数据判断个体风险也有局限性。为此，应扬长避短，用好数据而不是机械使用数据。

专栏16　大数据治国基本框架与战略重点

大数据革命才刚刚开始，这是一场关乎中国前途未来，涉及格局深刻调整的革命，要有大思路、大举措。建议尽快打破"碎片化"格局，规划"大数据治国"战略的中长期路线图与实施重点，建成以"大数据国家委员会、大数据银行和国家主数据决策中枢"为支撑的基本框架，重构国家综合竞争优势。

（1）成立大数据治理委员会，全面实施"大数据治国"战略，完善战略顶层设计。大数据治国不仅是技术问题，更是具有系统性、全局性的战略问题。建议从"十三五"规划开始，全面实施"大数据治国"方略，形成大数据国家治理的举国体制、市场体制和开放体制。下大力气改革那些不适应大数据发展和大数据治国的生产关系、产权关系和体制机制，把大数据作为基础性要素和核心资源在国家经济基础和上层建筑中的战略地位明确下来。由于改革势必会遇到相当大的阻力，必须由最高层协调推进，方能让大数据释放治国理政的威力。建议在网信办下设"大数据治理专门委员会"，或待时机成熟时，成立"大数据国家治理委员会"，其主要职责是制定大数据治国总体战略与路线图，加快大数据开放、共享及安全方面的相关立法与标准制定。完善大数据产业发展的市场化机制和资源配置模式，完善"决策、服务、保障、监督"职能，打造"高效政府、服务政府、透明政府、责任政府"。

（2）建立完善以大数据银行和国家大数据智能决策支持系统为支撑的"国家主数据决策中枢"。在区分涉密数据信息基础上，加快 G2G（政府与政府之间）、G2B（政府与企业之间）、G2C（政府与公民之间）大数据开放与共享，推动基础性、战略性和前瞻性大数据资源整合。一是加强大数据基础设施建设。全面推进"宽带中国"战略，持续支持下一代互联网、4G、工业互联网、电子政务网等数据基础设施建设，统筹政府"云平台"建设。二是加强基础性大数据整合。推动国家基础数据以及国家、省、市、县四级大数据交换共享，打通信息横向和纵向的共享渠道。推进跨地区、跨部门信息资源共享和业务协同。建议在充分对大数据进行产权界定和使用的基础上，分阶段、分步骤推进"国家大数据银行"建设，编制大数据国家档案，解决"不愿共享、不敢共享、不能共享"问题。同时，将小数据、源数据集成为大数据，建立"国家主数据决策中枢"——国家大数据智能决策支持系统，真正形成"国家智慧"。

（3）从国家治理的痛点和关键环节入手，全面推动"大数据治国"实践和战略落地。一是全面实施"大数据+"创新战略。建议着手研究面向未来 30 年、50 年甚至 100 年的下一代创新战略，制订"大数据+"行动计划，加快建立以"轻资产"为主的产权交易市场。二是勾画"一带一路"等对外开放战略图。构筑"数字一带一路"，绘制"一带一路"资源、产业、创新等"大数据地图"。三是推动"大数据公共服务重大项目"。用大数据链接"民生"，形成智慧城市、智慧交通、智慧医疗、智慧教育、智慧国防等国家整体解决方案。四是构建"政府阳光权力平台"。借助大数据实现政府"负面清单"、"权力清单"和"责任清单"的透明化管理，加快推进行政管理、政府职能和权力规制的转变。五是建立覆盖全社会的"国家征信系统"。力争用 3～5 年时间，基本建成集不动产统一登记、税收缴纳、社保缴费、诚信记录等在内的统一信用平台，以公民身份证号码为基础的公民统一社会信用代码制度，以组织机构代码为基础的法人和其他组织统一社会信用代码制度，最终建成以"信用中国"等（根据《社会信用体系建设三年重点工作任务（2014～2016 年）》的工作部署，社会信用体系建设部际联席会议确立了现阶段推进"信用中国"（creditchina. gov. cn）的建设任务，由国家发改委、人民银行指导，国家信息中心主办，百度公司承办）平台为战略抓手覆盖全社会的国家征信系统。六是完善大数据监管和反腐制度体系。大数据给网络问政、网络监督和技术反腐提供了强大的支撑，通过分散采集、集中管理、统一分析以及数据和行为的追溯，将推动从个案反腐、权力反腐走向制度反腐、系统反腐和社会反腐的新模式，让腐败无处遁形。

（4）支持重点大数据公司深度参与国家治理体系建设，培育一批有全球影响力的"国家企业"。全面提升百度、阿里、腾讯、华为等大数据公司在国家治理中的地位，使那些具有推动中国"数字化转型"的优势企业成为美国苹果、谷歌和韩国三星式的国家企业，深度参与国家重大战略规划的实施。同时，基于大数据技术自主可控的战略考虑，应大力支持服务器、软件、芯片、操作系统、搜索引擎、大数据安全、容灾备份等关键领域实现本土替代，构筑全产业链优势，力争使我国成为全球大数据应用领先国家和全球大数据管理中心。

（5）尽快加入"开放政府合作伙伴组织"，积极推动国际数据贸易和大数据外交。超前研究全球数据贸易和数据跨境流动规则，谋求全球"数据规则权"。借鉴"全球脉动（Global Pusle）项目"和美国"综合危机早期预警系统"经验，加快构建我国"全球风险监测预警系统"，通过大数据技术存储、挖掘、分析、甄别，可以对全球重大趋势性和战略性风险进行早期预警、实时监测、情景模拟与趋势研判等，切实维护和保障我国国家安全，全面提升参与全球治理能力。

（摘自中国行政体制改革研究会"大数据和国家治理"课题组研究报告，课题组主要成员：魏礼群、王露、张茉楠等）

第二节　纳入监管，逐步规范

互联网金融本质上仍属于金融业，并没有改变金融业高风险的属性。一方面，金融固有的信用违约、期限错配等老风险没有消除；另一方面，与互联网伴生的技术、信息安全等新风险开始涌现。究其原因，主要在于法律缺失，监管几乎空白，绝大多数互联网金融游走于无门槛、无标准、无监管的"灰色地带"。对互联网金融实施监管，不仅是促进其健康发展的需要，更是维护金融体系稳定安全的需要。

一、明确监管思路

他山之石，可以攻玉。从美国、英国、德国、法国、日本等国家互联网金融的发展历程看，对互联网金融监管的态度由开始的不监管或少监管，逐步变为纳入监管。虽然他们的做法各有特色，监管尺度也有区别，但都没有放任自流，主要做法如下。

一是设定准入门槛。如美国将 P2P 视同证券，要求相关机构到证监会注册登记。英国规定除非获得豁免，包括互联网支付机构在内的所有支付机构都必须注册。如果业务涉及电子货币发行，还需要专门备案。德国规定任何机构接受委托发行证券或投资产品，都必须申请牌照。

二是纳入现有金融监管框架。美国对 P2P 实行多部门分头监管、州与联邦共同管理，2012 年《创业企业融资法案》明确了对众筹融资发行人、投资人资格及额度等的监管要求。日本通过《贷金业法》、《利息限制法》、《资金清算法》等"地下金融对策"系列法律，对 P2P 借贷实施监管。

三是监管尺度总体上宽于传统金融。美国明确规定众筹融资可以不遵守现有的证券发行监管要求。德国支付机构的准入门槛一般低于银行牌照的申领要求，并准备放松对众筹融资的过严监管措施。

四是保护金融消费者利益。美国要求 P2P 借贷平台保护个人隐私，履行反洗钱义务，遵守电子交易规定。英国要求将 P2P 借款人在 14 天内无理由退出的规定写入标准化信贷合同。法国规定购买网络保险的客户可在 14 天内无偿退保，等等。

这些都为我国制定互联网金融监管措施提供了可资借鉴的经验。从国内看，一些地方政府出于发展经济、维护金融稳定等考虑，也陆续出台有关互联网金融发展和管理的政策措施。可以说，将互联网金融纳入监管势在必行，条件已经成熟。

表 7 - 2　发达国家互联网金融监管概况

国别	互联网支付	P2P 借贷	众筹融资
美国	联邦：美联储、货币监理署、联邦存款保险公司、财政部、司法部、税务总署、联邦调查局等 州：州金融监管局、消费信贷监管机构、商业监管机构等	联邦：美联储、证监会、联邦存款保险公司、消费者金融保护局、货币监理署、全国信用社联合管理局、联邦贸易委员会 州：州金融监管局、州证券监管机构、州银行业金融监管机构	美国证监会、州证券监管机构
英国	英国金融行为监管局（高风险的、"有问题"的支付清算系统监管由英格兰银行直接介入）	英国公平交易管理局（2014 年4 月起由金融行为监管局接替）	英国金融行为监管局
法国	法国央行、法国银行监管局	法国银行监管局	法国金融市场监管局、法国银行监管局
德国	德国联邦金融管理局	德国联邦金融管理局	德国联邦金融管理局
日本	日本金融厅	日本金融厅	日本金融厅

资料来源：人民银行驻国外代表处；美国、英国、法国、德国、日本监管机构网站。

表 7 - 3　地方政府出台的互联网金融发展政策

发布地区	文件名称	发布时间
北京市石景山区政府	《支持互联网金融产业发展办法（试行）》	2013 年8 月
北京市海淀区政府	《关于促进互联网金融创新发展的意见》	2013 年10 月
北京市政府	《关于支持中关村互联网金融产业发展的若干措施》	2013 年12 月
天津市开发区管委会	《天津市开发区推进互联网金融产业发展行动方案（2014～2016 年）》	2014 年2 月
深圳市政府	《关于支持互联网金融创新发展的指导意见》	2014 年3 月
南京市政府	《关于促进互联网金融集聚发展的扶持政策》	2014 年3 月
广州市政府	《广州市推进互联网金融产业发展的实施意见》	2015 年1 月
贵阳市政府	《科技金融和互联网金融发展规划（2014～2017 年）》	2014 年7 月
上海市政府	《关于促进本市互联网金融产业健康发展的若干意见》（20 条）	2014 年8 月
上海市长宁区政府	《关于促进互联网金融产业发展的实施意见》	2014 年9 月
杭州市政府	《关于推进互联网金融创新发展的指导意见》	2014 年11 月
上海市黄浦区政府	《关于进一步促进互联网金融发展的若干意见》	2014 年12 月

续表

发布地区	文件名称	发布时间
浙江省政府金融办等	《浙江省促进互联网金融持续健康发展暂行办法》	2015 年 1 月
云南省政府金融办	《关于支持昆明高新区建设互联网金融中心的函》	2015 年 2 月
南宁市政府	《南宁市促进互联网金融产业健康发展若干意见》	2015 年 7 月
武汉市政府	《关于支持互联网金融产业创新发展实施意见》	2015 年 7 月
江苏省政府	《关于促进互联网金融健康发展的意见》	2015 年 12 月

中国人民银行等十部委《关于促进互联网金融健康发展的指导意见》发布后，各方面总体评价较好，普遍赞成该文件确定的监管框架和措施，但也有一些不同的看法。建议在互联网金融监管实践中把握好两点：一要宽容，鼓励创新；二要规范，守住底线。核心是处理好创新与监管的关系，拿捏好度，因势利导，趋利避害，促进互联网金融健康发展。几年前，电子商务兴起之时，网上销售假冒伪劣商品的现象比比皆是，社会上也有规范的呼声。当时，政府决策者权衡再三，没有急于去规范，使其在宽松的环境下很快成长为"参天大树"。同样，对于互联网金融也要采取宽容的态度，创造良好的环境，不能一下子管得过死。

专栏17　互联网金融监管十二原则

中国银监会研究局副局长张晓朴 2014 年 1 月 20 日在《第一财经日报》撰文，提出互联网金融监管的思路和措施。主要观点如下。

对于互联网金融这个新事物，金融监管总体上应当体现开放性、包容性、适应性，同时坚持鼓励和规范并重、培育和防险并举，维护良好的竞争秩序，促进公平竞争，构建包括市场自律、司法干预和外部监管在内的三位一体的安全网，维护金融体系稳健运行。秉承这样的理念，初步提出互联网金融监管的 12 个原则。

原则 1：互联网金融监管应体现适当的风险容忍度。对于互联网金融这类新出现的金融业态，需要留有一定的试错空间，过早的、过严的监管会抑制创新。但不能犯致命性错误，整体风险须在可控范围内。

原则 2：实行动态比例监管。金融监管部门应定期评估不同互联网金融平台和产品对经济社会的影响程度及风险水平，根据评估结果确定监管的范围、方式和强度，实行分类监管。

原则3：原则性监管与规则性监管相结合。监管原则应充分体现互联网金融运营模式的特点，给业界提供必要的创新空间，同时指导和约束运营者承担对消费者的责任。对互联网金融中风险高发的业态和交易制定监管规则，事先予以规范。

原则4：防止监管套利，注重监管的一致性。不论是互联网企业还是传统的持牌金融机构，只要其从事的金融业务相同，原则上就应该受到同样的监管。对互联网金融企业线上线下业务的监管应当具有一致性。

原则5：关注和防范系统性风险。互联网金融准入门槛低，可能会使非金融机构短时间内大量介入金融业务，增加金融机构冒险经营的动机。互联网金融独有的快速处理功能，也加快了相关风险积聚的速度，极易形成系统性风险。互联网直销基金等某些业务模式存在流动性风险隐患。对此应当保持高度警惕，及时化解和干预。

原则6：全范围的数据监测与分析。监管机构要基于行业良好实践，提出数据监测、分析的指标定义、统计范围、频率等技术标准。注意保持足够的灵活性，在定期评估的基础上持续完善，以及时捕获新风险。

原则7：严厉打击金融违法犯罪行为。不断跟踪研究互联网金融模式的发展演变，划清各种商业模式与违法犯罪行为的界限。与时俱进地修改部分法律条款。

原则8：加强信息披露，强化市场约束。当前，提升互联网金融行业透明度的抓手是实现财务数据和风险信息的公开透明。

原则9：互联网金融企业与金融监管机构之间应保持良好、顺畅、有建设性的沟通。

原则10：加强消费者教育和消费者保护。重点是加强客户信息保密，维护消费者信息安全，依法加大对侵害消费者各类权益行为的监管和打击力度。

原则11：强化行业自律。互联网金融协会应当在引导行业健康发展方面，尽快发挥影响力。

原则12：加强监管协调。可以通过已有的金融监管协调机制，加强跨部门的互联网金融运营、风险等方面的信息共享，沟通和协调监管立场。以打击互联网金融违法犯罪为重点，加强司法部门与金融监管部门之间的协调合作。以维护金融稳定，守住不发生区域性、系统性金融风险底线为目标，加强金融监管部门与地方政府之间的协调与合作。

二、制定监管措施

制定互联网金融监管措施，涉及标准规则、行业规范等大量的技术性和细节问题，每一条都需要统筹考虑，周密设计，反复论证。具体应把握好三点。

（1）区别对待，分类监管。考虑到当前互联网金融业务五花八门，层出不穷，监管措施应区别对待，分类实施。一是对有实际交易支撑的业务给予鼓励和支持，对纯中介性质的平台特别是问题较多的P2P业务严格监管。二是对额度小的业务少监管或者不监管，主要由行业组织自律。对超过一定额度的业务，比照传统金融机构进行监管。三是对线上和线下业务统一监管标准。四是边摸索边完善，动态调整监管尺度，为创新留下一定的试错空间。

（2）完善法律，划出红线。从发达国家经验看，短期内难以对互联网金融专门立法，可在现有法律法规框架内"打补丁"，充实互联网金融准入退出、注册资本金、客户资金第三方存管、信息披露、消费者权益保护等条款，明确其法律定位和业务边界。对于可能引发区域性系统性风险的苗头和隐患，列出"负面清单"，规定禁止事项。比如，不准从事非法吸收公众存款、集资诈骗等非法集资活动；不准从事投向不明的资金池业务；不准将客户资金与自有资金混用，等等。

（3）明确责任，加强协调。中国人民银行等十部委《关于促进互联网金融健康发展的指导意见》确定的监管分工是：互联网支付由人民银行负责监管，网络借贷、互联网信托、互联网消费金融由银监会负责监管，股权众筹融资、互联网基金销售由证监会负责监管，互联网保险由保监会负责监管。同时，工业和信息化部负责对互联网金融业务涉及的电信业务进行监管，国家互联网信息办公室负责对金融信息服务、互联网信息内容等业务进行监管。要看到，互联网金融普遍混业经营、跨地区甚至跨境经营，又涉及信息安全等问题，在当前分业监管格局下单纯靠某个部门很难管好，尤其需要分工合作。建议：一是加强跨部门监管协调。在金融监管协调部际联席会议框架下，成立由人民银行牵头，银监会、证监会、保监会以及工业和信息化、公安等部门参加的互联网金融监管协调小组，负责协调解决超过主责部门监管职责的问题，如混业经营、网络安全等。二是加强中央部门与地方政府的沟通、协调和工作衔接。目前，地方政府没有必备的监管手段和队伍，交给地方管互联网金融不现实，还应由中央部门负责，地方搞好配合。今后，应理顺中央和地方金融管理事权，再明确地方对互联网金融监管承担的责任。

三、推进监管创新

大量事实表明，技术创新往往能解决许多管理上的难题。比如，交通监控系统有效治理了违章问题，电子政务对于提高效能、减少寻租发挥了积极作用，等等。互联网金融的业务流程毕竟在网上，从平台的运营到用户的信息和行为，从申请、撮合、交易到支付等所有环节，都是留痕的、可追溯的。解决互联网金融跨界经营与分业监管之间的矛盾，除了在现有框架下明确各部门职责、加强监管协调，还应挖掘互联网平台的潜力，整合各方面监管力量，攥成一个拳头。

从互联网金融企业的准入和退出看，网站备案与网络接入是最关键的一环，也是最有效的手段。在制定备案的细则时，应当明确金融管理部门业务备案在先，互联网行业主管部门网站备案在后。建议将这个规定写入正在修改的《互联网信息服务管理办法》。

从事中监测看，目前对互联网金融企业监测还是空白。鉴于互联网金融涉及公众利益，风险大，应借鉴传统金融监测管理方式，研究加强对互联网金融企业日常经营行为的监测，如交易主体、交易笔数、交易规模、资金流向等。还可考虑借助第三方力量，鼓励互联网企业开展数据监测、抓取等服务。

从案件查处看，也需要用好互联网平台。金融监管部门应基于互联网金融企业的网上违规行为，提出处罚要求和依据。互联网行业主管部门应做好调查取证、溯源等工作，依法取消网站备案或切断网络接入。

四、培育行业组织

行业组织作为市场经济不可或缺的组成部分，在促进行业发展、加强自律管理、维护企业权益等方面具有重要作用。对于互联网金融这一市场自发形成的业态，行业自律比政府监管更灵活、作为空间更大。特别是在各种业务模式尚未定型的情况下，有利于避免陷入"一放就乱"、"一收就死"的怪圈。近年来，伴随着互联网金融的快速发展，相关行业组织应运而生。一类是官办行业协会，主要包括上海网络信贷服务业企业联盟、中关村互联网金融行业协会、中国互联网协会互联网金融工作委员会、中国支付清算协会互联网金融专业委员会、广东互联网金融协会、北京市网贷行业协会、江苏省互联网金融协会等。另一类是民办行业协会，如互联网金融千人会。目前，这些行业组织实际运转中的主要问题和困难是，缺乏约束力，有的核心会员借助协会谋求垄断地位，也有一些企业盲目参加各类协会。把互联网金融行业组建起来，有利于发挥行业自律的优势，有利于解决跨界经营与分业监管之间的冲突，有利于促进互联网金融健康发展。

从国际上看，美英等国的互联网金融行业自律先于监管，行业组织发挥了重要作用。如2007年7月成立的美国金融业监管局承担着众筹行业组织的职能，2011年8月成立的英国P2P行业协会，2012年12月成立的英国众筹行业协会，等等。这些行业组织普遍独立运作，拥有一定的管理职能，在制定行业自律标准方面做了许多工作。

从我国实际出发，应顺势而为，借鉴国际经验，坚持官民并举，强化行业自律，搭建服务平台。

一是抓紧设计组建中国互联网金融协会的方案，择机启动。在职责定位方面：由协会负责事前备案信息的真实性审查，负责制定产品登记、第三方资金托管、信息披露、消费者权益保护等行业规范，制定行业发展规划，开展互联网金融研究，建立金融消费者投诉平台及相关基金，维护会员和行业利益，联络协调区域性和民办行业组织。在组织架构方面：理事会负责重大问题决策，下设互联网支付、网络借贷、众筹、互联网保险等专业委员会和相关职能部门。可考虑将现有的中国支付清算协会互联网金融专业委员会改组为中国互联网金融协会互联网支付专业委员会。在平台建设方面：支持协会投资建设业务、信息披露、征信等公共服务平台，供会员租赁使用。通过这些平台，既能解决经费来源问题，也便于统计监测，还有利于降低会员企业初始投入。在管理体制方面：按照承担特殊职能的全国性行业协会对待，由民政部门和央行双重管理，央行加强对协会的业务指导和监督。

二是支持民办行业组织发展，在互联网金融立法、制定行业准入条件和发展规划等重大政策措施前，充分听取民办行业组织的意见和建议。

三是发展区域性行业组织，对本地新设互联网金融企业备案申请的真实性进行审核和现场核查，对本地备案企业进行年度核查。

第三节　探索规律，科学指导

任何事物的发育、成长都有规律可循。互联网金融也不例外。要坚持一切从实际出发，遵循客观规律，一步一个脚印地促进互联网金融健康发展。

一、因地制宜发展互联网金融

近年来，一些地方出现脱离实际、盲目发展互联网金融的现象。有的地方圈占大量土地，建设互联网金融园区、产业基地；有的从北京等地招商引资，拉互联网金融龙头企业到当地设立分支机构；有的地方和机构还热衷于炒作造势，举办了一些缺少实质内容的互联网金融论坛，等等。这表明，一些地方官员对互联网金融发展规律的认识还有误区，仍沿用抓工业的方式发展互联网金融。

为此，建议将互联网金融列入干部教育培训内容，普及互联网金融常识，不断探索并遵循互联网金融发展规律，善于运用互联网思维研究解决发展中出现的新情况、新问题。支持各地因地制宜发展互联网金融，防止盲目攀比、乱铺摊子，造成重复建设和资源浪费。

专栏18　"互联网思维"的经济学逻辑

光大证券首席经济学家徐高在《金融发展评论》2014年第7期撰文，分析互联网思维的特点。主要观点如下：

在传统生产技术之下，生产的边际成本会快速上升。这可能是因为厂商的产能有限，产量接近产能极限时机器的磨损以及工人工资等成本会急剧上升。还可能是因为厂商营销能力受限，将产品信息推广给更多人需要付出更高成本。不管是什么样的原因，其结果都是厂商所能服务的客户群规模有限。将其画在供需图上，则对应着一条较为陡峭的供给曲线。它与需求曲线的交点不会离原点太远。笔者将这个位置称为需求曲线的"近尾"位置。

图 7-1 中，边际成本的较快上升让传统供给曲线较为陡峭，从而与需求曲线交于"近尾"处。

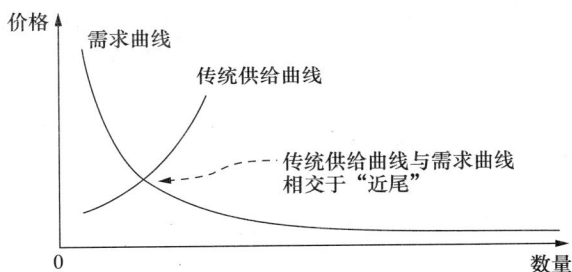

图 7-1 近尾

但互联网改变了这一切。它极大地降低了信息传递成本，因而很大程度上降低了厂商的边际成本。对一些服务提供来说，互联网甚至可以把边际成本压低到零。比如，在网上把一首歌多卖给一个人，显然不会带来什么额外的成本。而对那些实物产品来说，虽然生产成本可能难以改变，但营销费用却可以利用互联网来压低。成本的降低意味着厂商能够服务的客户数量大幅增加。在供需图上，表现为供给曲线的大幅下移。这样一来，供给曲线与需求曲线的交点会大幅外推。笔者将这个远离原点的新位置定义为需求曲线的"远尾"，以便与传统供给曲线对应的"近尾"区域做区分。

图 7-2 中，互联网技术大幅降低了边际成本，形成的互联网供给曲线与需求曲线交于"远尾"处。

从"近尾"到"远尾"虽然只有一字之差，但在客户特性以及商业模式上却有着根本性的差别。这正是互联网思维和传统商业思维之间的差异所在。

第一，远尾处平民为王。套用现在一句网络流行语来说，在远尾处"得屌丝者得天下"。这与近尾处形成了很大反差。在近尾处，客户对产品或服务的主观需求度很高（所以他们才愿意出比较高的价格）。在那里，怎样将那些需求最强的客户识别出来是营销成功的关键。所以在传统营销理论

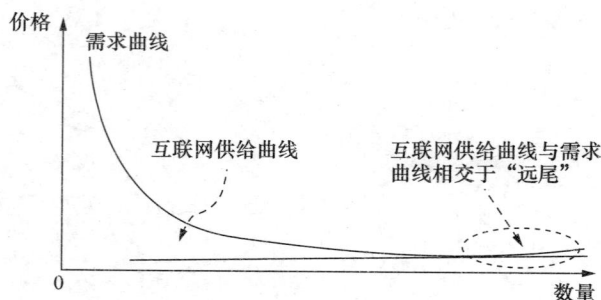

图 7-2　远尾

中会有"80/20 法则"，认为 80% 的收益来自 20% 的客户，因此需要把更多精力放在这 20% 的重点客户上。但在远尾处，边际客户对产品或服务的主观需求度很低，因此只愿意出很低的价格。在这里，可以说每一个客户都不重要——因为每个客户所能带来的收入相当有限。但同样也可以说每一个客户都非常重要——因为就对产品的需求来说，客户之间的差异很小，失了一个意味着会失去一群。因此，远尾处厂商成功的关键不在于迎合那些重要客户的需求，而在于服务好最具有代表性的平民。

第二，远尾处用户体验至上。这与近尾处再次形成了明显反差。在近尾处，由于客户本身对产品的主观需求程度比较高，因此对用户体验上的瑕疵还可以宽容。同时，由于近尾处客户数量有限，体验上的差异对客户数量影响并不明显。而在远尾处则不是这样。一方面，远尾客户对产品的需求度本就不强，用户体验上的任何微小不足都会让客户放弃产品；另一方面，远尾处需求曲线相当平坦，以至于价格的微小差异都会带来客户数量的巨大变化。不过，由于远尾客户愿意为产品付出的价格很低，导致厂商间价格竞争的空间很小（更何况许多互联网商家直接采用免费的策略）。这样，提升用户体验就成为了另一种价格竞争的方式。这两方面的原因导

致厂商必须通过极致的客户体验争夺客户。因此，在近尾处没那么重要的用户体验，在远尾处成为竞争制胜的关键。

第三，远尾处规模制胜。厂商能够从单个远尾客户身上获取的收益很小，因此只有积累起足够大的客户基数、以量补价才能盈利。从这一点来说，用户规模是厂商存亡的关键。另外，由于单个厂商所能服务的客户数量相当巨大，所以远尾处的产品和服务提供了自然垄断的色彩——客户数量越大的厂商，相对其他厂商的竞争优势越明显。因此，远尾处还是一个赢家通吃的战场，谁先累积起最多的用户数量，谁就能赢得胜利。

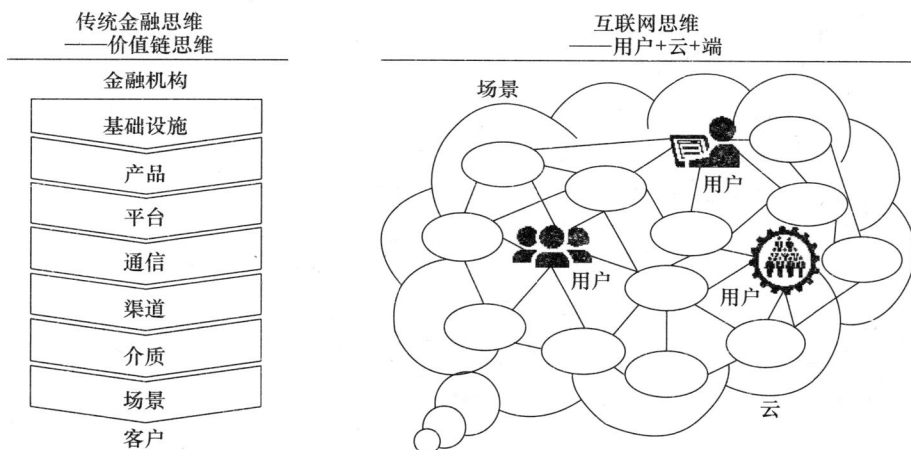

图7-3　两种思维的碰撞

资料来源：波士顿咨询公司（BCG）。

二、加强基础工作

从陆续出现的P2P网络贷款平台倒闭、跑路等案件成因看，有自身管理不善、违规经营的因素，也与基础工作不扎实、制度缺失有关。建议从互联网金融业务流程的关键环节入手，推动建章立制，并严格执行。

一是推行实名认证。投资者在进入网贷平台投资之前，必须进行实名注册和登记，融资者在发布融资项目之前也应进行实名认证，以利于掌握资金流向，避免利用平台从事洗钱等非法行为。可考虑在互联网金融网站备案、用户注册等环节要求实名登记，探索通过人脸识别①、指纹等技术手段实施身份验证。

二是规范电子合同。《中华人民共和国电子签名法》明确规定，经可靠电子签名后的数据电文，其法律效力等同于纸质内容。但是，电子签名的合同不是当事人现场亲笔签名和交付的纸质有形物件，而是电子形态的数据电文，无法有效确认当事人身份和认定签名行为。因此，为避免电子合同可能引发的纠纷，需要明确签署行为的责任。对 P2P 网络贷款、网络小额贷款、众筹融资等互联网金融业务的电子合同，应由监管部门按照分工审查备案，及时发现和纠正可能侵犯用户合法权益的条款。

三是明确数据保留义务。要求互联网金融企业记录业务及交易信息，并参照传统金融机构的保留期限留存电子数据，以备查验。

四是加大执法力度。对于滥用市场支配地位、违规经营、虚假宣传等行为，要严格执法，加大处罚力度，维护市场秩序，促进公平竞争。

目前，有关互联网金融的数据信息比较混乱，"数"出多门，缺乏权威性。建议抓紧建立互联网金融数据统计、发布制度，提高信息的及时性、完整性和透明度，促进信息共享。

三、重视技术研发和人才培养

与传统金融机构一样，互联网金融也存在过度依赖国外技术的问题。比如，大部分 P2P 平台使用美国 Lending Club、Prosper 和英国 Zopa 的模板，第三方支付和大型 P2P 平台使用美国 PayPal、ING – Direct 的风控技术。建议从现在起高度重视互联网金融技术研发问题，要求互联网金融企业加大投入，提高技术和安全防护等级，着力研发网站模板、风险防控、信用验证、密钥等技术，为互联网金融健康发展提供技术保障。

---

① 人脸识别，是基于人的脸部特征信息进行身份识别的一种生物识别技术。用摄像机或摄像头采集含有人脸的图像或视频流，并自动在图像中检测和跟踪人脸，进而对检测到的人脸进行脸部识别的一系列相关技术，通常也叫作人像识别、面部识别。

专栏19　网络密钥

　　网络密钥是指在网络中使用的密钥。互联网络是一个开放式的系统，任何人都可以通过它共享自己的资源，获取需要的信息。当人们在网络上进行信息交流的时候，比如聊天、收发邮件，或者登录需要提供个人信息的站点，这些包含着重要个人资料的信息包很可能在到达最终目的地前被第三方截获并破解。所以保护个人隐私是互联网的头等大事，而使用加密密钥是最简单、有效的方法。信息在发送前需要按照规则进行数据的重新排列组合，打乱了原有的数据顺序，这样即便数据包被第三方截获，也难以破解。网络密钥加密类型包括：对称加密、非对称加密、Hash加密三种。

　　密钥的一个重要因素是它的长度——位，使用浏览器的时候可以查到某个版本浏览器的密钥长度，比如，密钥长度为128，则表示这个密钥里包含了2的128次方个密码规则，这是一个天文数字。也许你会问有必要要这么大的密钥吗？要知道，计算机的运算能力在突飞猛进的发展，如果拥有足够的设备和资金，破解密钥是不成问题的。比如，64位的密钥在条件许可的情况下，以现有的技术水平，可以在3天内被完全破解。当然破解成本和信息自身价值是有关系的，如果耗费的成本远远大于信息内容的价值，没有人会愿意去做这个亏本买卖，所以目前128位的密钥长度还是足够安全的。

　　（1）对称加密。只使用了一个密钥进行加密解密，所以也可以叫作单密钥加密。它对密钥本身没有特殊的要求，通信双方只要有一个相同的密钥就行，一个用户把自己需要发送的数据通过密钥加密成混乱的信息，接收方使用相同的密钥把接受到的信息还原成原始数据，这个方法可以在极短的时间内对大量信息进行加密解密。但是如果密钥在传输过程中就被截获，那么以后的加密过程就形同虚设。这个方法的优点是使用同一个密钥节省了加密解密所需的时间，但是无法保证密钥的安全性。目前，使用对称密钥算法的是RC5、RC6、Blowfish和Twofish，其中最后两种算法位数长，而且加密解密速度很快。

　　（2）非对称加密。在加密和解密中使用了一对密钥，一个是公用密钥，它对外公开发布，另一个是私有密钥，由用户自己保存。从理论上讲，这种加密方式只要是用户的私有密钥没有丢失或者被窃，那么他们之间加密的信息是绝对不会被破解的。但它的缺点非常明显，就是加密速度非常缓慢。由于要进行大量的数学运算，即使加密少量的信息也需要花费大量的时间。

（3）Hash加密。Hash加密是指通过数学运算，把不同长度的信息转化到128位编码中，形成Hash值，通过比较这个数值是否正确，以确定通信双方的合法性。这也可以说是数字签名，在数据传输后，可以通过比较Hash值判断信息途中是否被截获修改，是否由合法的发送人发送或者合法的接收人接收等。用这种方法，可以防止密钥丢失的问题，因为它的加密部分是随机生成的，如果没有正确的Hash值根本无法解开加密部分，而且它还具备了数字签名的能力，可以证明发送方和接收方的合法身份，具有不可抵赖性，很适用于商业信息的传递。目前使用的有MD4、MD5和SHA。

目前，无论是互联网金融企业还是监管部门，都缺乏既懂互联网又懂金融的复合型人才。特别是互联网金融技术和业务模式更新迭代很快，如没有持续学习的精神，没有丰富的实战经验，很难适应互联网金融快速发展的需要。建议通过开设互联网金融课程、建立互联网金融研究基地、开展从业人员培训、促进人才流动、从国外引进、产学研合作等多种方式，造就一支高素质的互联网金融人才队伍。

第八章 结论与展望

本书通过对互联网金融竞争力的分析研究，得出如下结论：第一，互联网金融之所以在中国异军突起，根本在于移动互联、大数据、云计算等新技术的推动，电子商务的成长壮大起到了催生作用，传统金融服务的不足、监管的滞后提供了成长的空间。第二，与传统金融相比，互联网金融去中介、去中心，能够提供小额零散个性化的投融资服务，具有服务便捷、匹配精准、成本低廉等竞争优势。第三，透过现象看本质，互联网金融的核心竞争力在于缓解信息不对称的功能越来越强大。第四，互联网金融是一把"双刃剑"，火爆的背后也有风险和隐忧，将互联网金融纳入监管势在必行。

基于上述认识，本书提出，促进互联网金融这一新生事物健康发展，既要尊重市场选择，鼓励探索创新，又要纳入金融监管，守住风险底线。在创新方面，应鼓励传统金融机构和互联网企业积极开展普惠服务，加大对小微企业、"三农"等薄弱环节的支持力度，探索培育数据交易市场、深入挖掘海量数据这座"金矿"。在监管方面，应明确对互联网支付、网络借贷、股权众筹、互联网理财等主要业态的监管责任和要求，加强监管协调，划出不能碰的"红线"，充分运用互联网平台推进监管创新。同时，培育互联网金融行业组织，强化自律。

由于个人认识水平、研究能力有限，本书还有一些不足之处，有待进一步深入研究。主要包括：一是开展定量研究，建立数学模型，用数据说话，增强研究的说服力。二是充实国际比较的内容，借鉴发达国家经验，完善监管措施。三是研究互联网金融各种业态的特点和发展规律，有针对性地提出政策建议。四是密切跟踪互联网金融的发展动态，及时发现和总结实践中涌现出来的新鲜经验，解决存在的问题，因势利导，更好发挥互联网金融的积极作用。

　　展望未来，互联网金融是富有活力、充满希望的。这个判断主要基于两方面：一方面，技术进步的车轮滚滚向前，大数据、云计算、移动互联等技术的普及远未结束，应用会越来越广泛，各种新技术还会不断涌现。技术的力量是无穷的，互联网技术与金融相融合必将爆发出巨大的势能，带来更高的效率、更低的成本、更好的服务。在技术进步的洪流面前，靠现行的制度保护既得利益是不堪一击的。也就是说，金融领域一些不合理的管制措施是守不住的，迟早会让位于互联网金融。另一方面，资本是逐利的，哪里有钱赚就往哪里钻，社会资本借助互联网进入金融领域的冲动还会持续相当长的时间。尽管前进的道路未必平坦，也可能会遇到一些坎坷甚至走弯路，但并不影响互联网金融的发展前景。可以预见，未来一个时期，互联网金融仍将处于黄金发展期，有望出现更多的创业奇迹。

　　是金子总会发光。在激烈的市场竞争中，互联网金融也会经历一个大浪淘沙的过程。伴随着金融改革的推进和监管政策的落地，那些"钻政策空子"的套利行为会走到尽头，非法集资、金融诈骗、洗钱等各种打着互联网金融旗号的犯罪活动也将现出原形，被扔到垃圾桶里。相反，那些基于互联网技术，服务于实体经济特别是小微企业、"三农"等薄弱环节的金融创新，必将展现出旺盛的生命力。目前，一些互联网金融产品已经说明了这一点，如第三方支付、网络小额贷款等。股权众筹、互联网征信、清算等新业务也已崭露头角，掀起互联网金融的又一个热潮。当然，任何成功都不是白白等来的，需要千千万万创业者的不懈求索，需要大刀阔斧推进金融改革，也需要社会方方面面的关心和支持。

　　这，正是本书研究的价值所在。

附　录

附录1　互联网金融大事记
（1995～2015 年）

国内篇

2003 年

2003 年 10 月 18 日，淘宝网推出支付宝服务，为网络买家和卖家提供担保交易服务。

2004 年

2004 年 12 月 8 日，支付宝（中国）网络技术有限公司成立。同年 12 月 30 日，支付宝官网正式上线并独立运营，亚马逊、当当网、凡客、1 号店等一大批电商陆续同支付宝开展合作，用户数和交易规模开始迅速增长。

2005 年

2005 年 2 月 2 日，支付宝推出"全额赔付"支付，承诺"你敢用，我敢赔"，对使用支付宝遭受损失的用户全部赔偿，突破了长期困扰电子商务发展的安全支付"瓶颈"，中国电子商务由此进入突飞猛进的发展期。

2005 年 3 月 3 日，支付宝与中国工商银行达成战略伙伴协议。

2005 年 6 月 21 日，支付宝与中国招商银行开展战略合作。

2005 年 9 月 12 日，腾讯公司推出专业在线支付平台——财付通。

2006 年

2006 年，唐宁在北京创办宜信公司，以提供个人对个人小额信用贷款中介服务为业务核心，广泛开展财富管理、信用风险评估与管理、信用数据整合服务、小额贷款行业投资。

2006 年 3 月 16 日，支付宝与中国农业银行开展战略合作。

2006 年 4 月 29 日，阿里巴巴集团为旗下两大子公司淘宝、支付宝分别注册无线网址。

2006 年 10 月 24 日，支付宝与中国建设银行联合推出国内第一张创新网购模式银行卡——支付宝龙卡。这是支付宝第一张联名卡。

2007 年

2007 年 6 月 18 日，上海拍拍贷金融信息服务有限公司成立。拍拍贷的最大特点在于采用纯线上模式运作，平台本身不参与借款，而是提供信息匹配、工具支持等服务。拍拍贷是国内首家 P2P 纯信用无担保网络借贷平台，也是第一家经工商部门批准获得金融信息服务资质的互联网金融平台。

2007 年 10 月 8 日，支付宝与京东商城达成战略合作协议，用户在京东商城购物可以直接通过支付宝账户在网上付款，所有环节均在线完成。

2008 年

2008 年 1 月 1 日，浙江支付宝网络科技有限公司更名为支付宝（中国）网络技术有限公司。

2008 年 1 月 17 日，支付宝与中国建设银行合作推出支付宝卖家信贷服务，符合信贷要求的淘宝网卖家可获得最高 10 万元的个人小额信贷。

2008 年 2 月 27 日，淘宝网与支付宝进入无线互联网市场，发布移动电子商务战略，大规模测试手机版淘宝网（wap. taobao. com），推出手机支付业务。

2008 年 8 月 14 日，广发货币基金开通利添利"T+0"快速赎回业务。

2008 年 10 月 28 日，支付宝公共事业缴费正式上线。

2009 年

2009 年，宜信推出"宜农贷"公益理财助农平台。

2009 年 1 月 16 日，支付宝开始支持中国工商银行信用卡还款业务。

2009 年 3 月，红岭创投成立，业务涵盖网络信贷、股权投资、财富管理、产业园运营等领域。

2009 年 8 月 24 日，支付宝推出信用卡大额支付业务，信用卡网上支付不再受 300 元或 500 元的额度限制，与银行信用卡授信额度一致。

2009 年，中国在线贷款网经过模式调整，转变为完全在线上撮合借贷交易即 P2P 网络借贷模式，并更名为翼龙贷网。

2010 年

2010 年 1 月 26 日，淘宝保险成立，隶属于阿里小微金融服务集团。

2010 年 5 月 19 日，第七次中国人民银行行长办公会议通过《非金融机构支付服务管理办法》，自 2010 年 9 月 1 日起施行。

2010 年 6 月 8 日，阿里巴巴集团联合复星集团、银泰集团和万向集团在浙江成立小额贷款公司，注册资本 6 亿元，向其会员推出订单贷款和信用贷款产品，会员无须抵押、免担保，贷款全程采取线上模式。

2010 年 9 月 7 日，招商银行信用卡网上商城——"非常 e 购"正式上线。

2010 年 11 月 3 日，招商银行信用卡联合中国联通发布了招行 iPhone 版手机银行服务以及"掌上生活"移动终端软件。"掌上生活"是集网络购物、支付业务和掌上金融为一身的超级金融平台。

2011 年

2011 年 1 月 21 日，微信推出。

2011 年 3 月 13 日，快钱与银行系统、企业资源计划（ERP）系统全面对接。

2011 年 5 月 1 日，众筹网站点名时间成立上线。

2011 年 5 月 26 日，中国人民银行颁布首批 27 张非金融机构支付业务许可证。

2011 年 7 月 4 日，拍拍贷推出本金保障策略。对同时满足通过身份认证、成功投资 50 个以上（含 50 个）借款列表（同一列表的多次投标视为一次）、每笔借款的成功借出金额小于 5000 元且小于列表借入金额的 1/3 三个条件的投资者，当列表坏账总金额大于收益总金额时，拍拍贷将在三个工作日内赔付差款。

2011 年 8 月 23 日，中国银监会办公厅下发《关于人人贷有关风险提示通知》，官方首次揭示 P2P 网贷平台的潜在风险。

2011 年 9 月 1 日，支付宝日交易额突破 30.4 亿元，交易额和交易笔数超越 PayPal，成为全球最大的互联网第三方支付服务提供商。

2011 年 9 月 29 日，陆金所成立。陆金所隶属于上海陆家嘴国际金融资产交易市场股份有限公司，其 P2P 借贷业务引入了担保服务，由平安融资担保（天津）有限公司对借款人的借款承担全额连带担保责任。

2011 年 10 月 1 日，融 360 组建成立，主要为广大消费者和小微企业提供融资贷款搜索和推荐服务。

2011 年 11 月 11 日，天使汇成立，主要为投资者和创业者提供在线融资对接服务。

2011 年 11 月 22 日，在线金融产品导购和销售平台"91 金融超市"成立，主要通过电脑、手机 APP、400 电话等通道，为金融消费者提供金融产品信息、比较购买推荐、消费决策依据以及直接购买等服务，消费者可以用最快速度、最低成本获得最适合自己的金融产品，享受 7×24 小时、免费、定制化的顾问式服务。

2011 年 11 月 24 日，在 2012 年中国首届网络借贷高峰论坛上，26 家借贷平台签署自律公约。

2012 年

2012 年 2 月 22 日，好买基金网正式获得中国证监会颁发的首批第三方基金销售牌照。

2012 年 3 月，平安陆金所推出 P2P 业务。

2012 年 4 月 13 日，数米基金网获得中国证监会基金代销资格。

2012 年 5 月 5 日，中国银行推出"银通商城"，提供大额分期付款的综合网上购物服务。

2012 年 5 月 11 日，基金支付牌照颁布，支付宝、财付通、快钱、付汇天下等正式进入基金支付领域。

2012 年 6 月 13 日，全球最大的中文搜索引擎百度宣布，联合中国金融证券门户——证券之星网站，正式推出国内首款股票移动 Web APP——"股票行情"。

2012 年 6 月 28 日，中国建设银行以专业化金融服务为依托的"善融商务"网上商城正式上线。

2012 年 7 月 23 日，交通银行与阿里巴巴共同宣布推出"交通银行淘宝旗舰店"，淘宝网用户可以直接购买交通银行提供的各类产品及服务，首期开放内容包括贵金属、基金、保险、个人与小企业贷款、贵宾客户服务、借记卡等。

2012 年 8 月 29 日，阿里信贷宣布向江浙地区普通会员提供贷款，不用任何担保抵押，只凭借企业在阿里平台上的交易信息就可以申请，并且 24 小时随用随借。

2012 年 9 月 12 日，交通银行推出"交博汇"网上商城。

2012 年 9 月 27 日，安邦保险与中国联通签署战略合作协议，在保险及金融服务、基础通信服务、3G 移动技术应用、产品合作开发、联合营销等方面深化战略合作。

2012 年 10 月 1 日，谢平、邹传伟、刘海二著的《互联网金融模式研究》在《新金融评论》（总第 1 期）上发表，第一次比较系统地讨论互联网金融问题。

2012 年 10 月 1 日，国内第一家面向个人理财的搜索引擎——存折网成立。消费者可以在线比较银行理财产品、P2P 理财产品、货币基金等各种理财产品的收益率、安全性、周期以及发行机构等信息，并可查询不同商业银行的存款利率、贷款利率、外币存款利率以及转账收费等信息。

2012 年 10 月，京东商城收购第三方支付公司网银在线。

2012 年 11 月 12 日，中国证监会发布《证券公司代销金融产品管理规定》，明确证券公司可以代销符合要求的券商理财产品、证券投资基金、商业银行理财产品、信托公司信托计划、保险产品等金融产品，金融产品代销得以规范和放开。

2012 年 11 月 27 日，京东商城发布其首只金融服务类产品——供应链金融服务系统，并与中国银行北京分行签署战略协议。

2012 年 12 月 17 日，国华人寿与淘宝网合作销售 3 款万能险产品。短短 4 天售出 4356 份，销售额突破 1 亿元。

2012 年 12 月 20 日，上海网络信贷服务业企业联盟成立。

2013 年

2013 年 1 月 4 日，"人人贷"连续推出总规模 1000 万元、预期年收益率 12% ~14% 的理财计划，在 3 小时内被抢购一空。

2013 年 1 月 8 日，华夏基金推出活期通。活期通除了具备自动理财、快速取现、跨行还款、跨行转账等功能，还增加了车贷和房贷的还款功能。

2013 年 1 月 17 日，百度与中国平安集团共同签署 JBP（Joint Business Plan，联合发展计划）战略合作协议。

2013 年 2 月 4 日，支付宝推出移动端应用"支付宝收钱"。

2013 年 2 月 17 日，中国保监会批准筹建众安在线财产保险有限公司。

2013 年 2 月 26 日，阿里巴巴推出"信用支付"金融服务产品，根据用户交易数据进行授信，信用额度可用于淘宝等购物支付。

2013 年 3 月 7 日，阿里巴巴集团宣布筹备成立阿里小微金融服务集团，主要从事支付、小贷、保险、担保等领域的业务。

2013 年 3 月 15 日，中国证监会发布《证券投资基金销售机构通过第三方电子商务平台开展业务管理暂行规定》。

2013 年 3 月 16 日，中信银行推出"金融商城"。通过金融商城可以购买或赎回基金、理财产品，在线申请信用卡以及缴纳赴美签证费等，客户可以直接浏览产品或对产品进行比较比对。

2013 年 3 月 20 日，苏宁电器更名苏宁云商。

2013 年 3 月 26 日，光大永明人寿携手网易旗下的保险销售平台网易保险，推出"增利宝"。这款产品是通过网易销售、提供最低保证收益的万能型保险理财产品，5000 元起售，预期年收益率达 4.5%，随时可在线提现，以理财为主，兼具保障等功能。

2013 年 3 月 28 日，招商银行推出信用卡微信客服。不到 3 个月的时间，超过 100 多万客户绑定该平台。7 月 2 日，招商银行宣布升级微信平台，推出首家"微信银行"。微信银行的服务范围从单一信用卡服务拓展为集借记卡、信用卡业务为一体的全客群综合服务，还可以在线实时解答客户咨询。

2013 年 4 月 2 日，上线仅一个月的 P2P 网贷企业众贷网发布公告破产。

2013 年 4 月 10 日，P2P 网贷企业城乡贷在网站挂出歇业公告。

2013 年 4 月 11 日，腾讯公司所属的第三方支付平台财付通与台湾玉山银行共同宣布进一步推行"两岸支付通"产品，并首次针对大陆地区以外的商家开通"二维码扫描支付"。

2013 年 4 月 15 日，阿里对快的打车注资 800 万美元。

2013 年 4 月 20 日，中国农业银行推出"E 商管家"电子商务平台。

2013 年 5 月 6 日，腾讯对滴滴打车注资 1500 万美元。

2013 年 5 月 23 日，招商银行与外贸电商平台敦煌网在深圳发行"敦煌网生意一卡通"联名卡。该卡集融资、结算、理财、生活于一体，持卡人可以根据在敦煌网的交易记录，获得 3 万~150 万元额度的贷款。

2013 年 6 月 1 日，北京软件和信息服务交易所成立国内首家由企业运营的"软交所互联网金融实验室"。

2013 年 6 月 2 日，马云在"2013 外滩国际金融峰会"上发表题为"金融行业需要搅局者"的讲话。

2013 年 6 月 9 日，中国移动、中国银联推出基于 NFC – SIM 卡（近距离无线通信技术用户身份识别卡）的手机钱包业务。

2013 年 6 月 13 日，支付宝联手天弘基金上线"余额宝"。

2013 年 6 月 14 日，中国移动、中国银联共推手机钱包。

2013 年 6 月 26 日，中国农业银行成立"互联网金融技术创新实验室"。

2013 年 6 月 26 日，东方财富网旗下的基金平台——天天基金网推出"活期宝"。在产品初期阶段，"活期宝"对应的是南方现金增利货币 A 和华安现金富利货币 A 两只货币基金，客户可以从中选择。通过与民生银行合作，实现 24 小时实时赎回到账，并且支持跨行免费转账。

2013 年 6 月 28 日，中国人民银行征信中心旗下上海资信有限公司宣布全国首个基于互联网提供服务的征信系统——网络金融征信系统正式上线。

2013 年 7 月 1 日，中国人民银行副行长刘士余在北京主持召开网络信贷专题座谈会，中国人民银行金融稳定局、征信管理局、货币政策司等司局负责人以及 9 家 P2P 平台负责人与会。这是 P2P 行业第一次与监管部门直接对话。

2013 年 7 月 2 日，招商银行推出首家"微信银行"。

2013 年 7 月 4 日，互联网金融千人会在北京成立。

2013 年 7 月 6 日，新浪获得第三方支付牌照。

2013 年 7 月 15 日，中国证券登记结算公司发布《数学证书认证业务指南（征求意见稿）》。该指南是与非现场开户相配套的技术方案，为解决网上开户认证问题提供了指引。

2013 年 7 月 18 日，新浪正式发布"微银行"，涉足理财市场。

2013 年 8 月 1 日，华夏基金旗下的"活期通"推出"微理财"（即微信交易功能）。同日，国内第一家银行电商——民生电商成立。

2013 年 8 月 5 日，腾讯公司发布微信 5.0 版本，新版微信增加了支付功能，用户可以绑定银行卡，实现一键支付。

2013 年 8 月 8 日，《国务院关于金融支持小微企业发展的实施意见》发布，提出"充分利用互联网等新技术、新工具，不断创新网络金融服务模式"。

2013 年 8 月 9 日，京东商城、当当网、拉卡网、用友软件、融 360、人人贷等 33 家单位发起成立中关村互联网金融行业协会。

2013 年 8 月 13 日，中国互联网协会互联网金融工作委员会成立。首批发起单位 25 家。

2013 年 8 月 14 日，《国务院关于促进信息消费扩大内需的若干意见》发布，提出"推动互联网金融创新，规范互联网金融服务，开展非金融机构支付业务设施计划，建设移动金融安全可信公共服务平台，推动多层次支付体系的发展。推进国家基础数据库、金融信用信息基础数据库等数据库的协同，支持社会信用体系建设"。同日，中国人民银行副行长刘士余在中国互联网大会上强调："发展互联网金融，应注意防范风险，两个底线不能突破。一是非法吸收公共存款，二是非法集资。"

2013 年 8 月 15 日，平安银行与 eBay（电子湾）联手推出"贷贷平安商务卡"，为 eBay 卖家提供最高额度达 100 万元的无抵押、无担保信用贷款。

2013 年 8 月 26 日，中国小额信贷联盟在北京发布《个人对个人（P2P）小额信贷信息咨询服务机构行业自律公约》，以促进 P2P 行业规范化发展。

2013 年 8 月 26 日，淘宝保险宣布与安联财险（中国）有限公司合作推出"中秋赏月险"。

2013 年 8 月 30 日，北京市石景山区政府出台《支持互联网金融产业发展办法（试行）》。

2013 年 8 月 31 日，兴业银行关闭兴业信用卡网上分期商城。

2013 年 9 月 15 日，交通银行推出"交博汇"平台。该平台是银行同业内最全面的 B2B 和 B2C 综合电子商务平台。

2013 年 9 月 16 日，民生银行与阿里巴巴签署战略合作协议。

2013 年 9 月 17 日，交通银行推出两种业界领先的金融创新产品——太平洋可视卡和第二代手机银行。同日，招商银行上线一款名为"e + 稳健融资项目"的 P2P 网贷产品。

2013 年 9 月 18 日，北京银行宣布正式推出与境外战略合作伙伴荷兰 ING 集团合作研发的直销银行服务。

2013 年 9 月 22 日，京东和百度在上海嘉定设立的小贷公司申请获批，注册资本金分别为 2 亿元和 3 亿元。

2013 年 10 月 9 日，阿里巴巴宣布出资 11.8 亿元认购天弘基金的注册资本，持有其 51% 的股本，成为控股股东。

2013 年 10 月 11 日，易宝支付和汇付天下获得国家外汇管理局批准的跨境支付业务许可证，拿到支付全牌照。

2013 年 10 月 18 日，银联商务携手光大宝德信基金管理公司针对企业客户推出类余额宝产品——天天富。

2013 年 10 月 21 日，北京市海淀区政府出台《关于促进互联网金融创新发展的意见》。

2013 年 10 月 25 日，中国证监会新闻发言人表示，互联网金融产品必须遵循两个底线：第一，不能损害基金持有人的利益；第二，不能引发区域风险。

2013 年 10 月 28 日，百度金融中心理财平台上线，"百发"理财计划正式发售，第一天就实现突破 10 亿元的销售额。

2013 年 10 月 28 日，腾讯旗下财付通成立了小额贷款有限公司，注册资金 3 亿元。

2013 年 11 月 6 日，众安在线财产保险有限公司正式开业。该公司在上海注册，注册资本 10 亿元，最大股东为阿里巴巴，中国平安、腾讯、优孚控股均以 15% 的持股比例并列为第二大股东。作为国内首家互联网保险公司，众安在线不设分支机构，经营范围限定为与互联网交易直接相关的企业、家庭财产保险、货运保险、责任保险、信用保证保险。

2013 年 11 月 14 日，余额宝规模突破 1000 亿元，用户数近 3000 万人。

2013 年 12 月 3 日，中国支付清算协会互联网金融专业委员会成立。

2013 年 12 月 3 日，中国人民银行、工业和信息化部、中国银监会、中国证监会、中国保监会发布《关于防范比特币风险的通知》（银发［2013］289 号），明确了比特币的属性，认定其"不具有与货币等同的法律地位，不能且不应作为货币在市场上流通使用"。

2013 年 12 月 4 日，工信部正式向三大运营商发放 4G 牌照，中国移动、中国电信、中国联通均获得 TD－LTE 牌照。

2013 年 12 月 6 日，京东商城正式上线"京保贝"。

2013 年 12 月 7 日，《中国互联网金融发展报告（2013）》正式发布。

2013 年 12 月 10 日，京东"京保贝"融资业务上线。

2013 年 12 月 18 日，网易宣布推出在线理财平台"网易理财"，并于 12 月 25 日开售理财"添金计划"，用户可获赠 5% 活动补贴。

2013 年 12 月 20 日，百度百发联合嘉实基金推出"团购金融"产品，打出"团结就有 8% 的宣传口号"。

2013 年 12 月 28 日，众筹网旗下专门针对股权众筹的原始会上线。

2013 年 12 月 31 日，北京市政府出台《关于支持中关村互联网金融产业发展的若干措施》。

2014 年

2014 年 1 月 6 日，快的打车、滴滴打车两款软件启动补贴大战，最高时给乘客提供 20 元优惠补贴。滴滴打车宣布独家接入微信，支持通过微信实现叫车和支付。同时，滴滴打车宣布完成 1 亿美元 C 轮融资的消息，中信产业基金领投，腾讯跟投 3000 万美元。

2014 年 1 月 9 日，人人贷母公司人人友信集团宣布完成 A 轮融资，融资总额 1.3 亿美元，领投方为挚信资本。此资金规模为互联网金融行业迄今为止的最大单笔融资，也是近年来中国互联网业最大的一笔 A 轮融资。

2014 年 1 月 12 日，中国工商银行电商平台"融 e 购"正式上线。

2014 年 1 月 15 日，苏宁云商正式上线零钱宝。

2014 年 1 月 17 日，央视曝光支付宝找回密码漏洞，互联网金融安全引起恐慌。

2014 年 1 月 21 日，微信 5.2 上线，推出"微信红包"。从除夕开始至大年初一下午 4 时，参与微信抢红包的用户超过 500 万人，总计抢红包 7500 万次以上。领取到的红包总计超过 2000 万个，平均每分钟被领取的红包达 9412 个。

2014 年 1 月 22 日，腾讯理财上线。

2014 年 1 月 23 日，招商银行上海分行宣布与"人人贷"商务顾问有限公司签署风险备用金托管协议。

2014 年 1 月 24 日，广东互联网金融协会成立。

2014 年 2 月 13 日，获得公测资格的京东用户可以使用"京东白条"消费。同日，招商银行推出名为"E + 稳健融资项目"的投融资平台。

2014 年 2 月 20 日，腾讯与国金证券联合推出"佣金宝"，提供电脑及手机 7×24 小时网上开户服务，享受"万分之二"（含规费）沪深 A 股、基金交易佣金率，同时为股票账户内闲置的现金提供理财服务。

2014 年 2 月 21 日，易宝金融宣布并购上海和付信息技术有限公司。

2014 年 2 月 27 日，天津市开发区管委会出台《天津市开发区推进互联网金融产业发展行动方案（2014~2016）》。

2014 年 2 月 28 日，国内首家直销银行民生银行直销银行正式上线。

2014 年 3 月 5 日，国务院总理李克强在十二届全国人大二次会议上作《政府工作报告》，提出"促进互联网金融健康发展"。

2014 年 3 月 7 日和 18 日，京东商城 PC 端、手机端的"网银钱包"分别上线。

2014 年 3 月 11 日，支付宝和腾讯宣布联合中信银行打造国内首张网络信用卡。

2014 年 3 月 13 日，中国人民银行支付结算司发布《关于暂停支付宝公司线下条码（二维码）支付等业务意见的函》，叫停支付宝、腾讯的虚拟信用卡产品，同时叫停的还有条码（二维码）支付等面对面支付服务。

2014 年 3 月 16 日，中国人民银行向第三方支付企业下发《支付机构网络支付业务管理办法》、《手机支付业务发展指导意见》草案，征求意见。草案提出，个人支付账户转账单笔不能超过 1000 元，年累计不能超过 10000 元。个人支付账户单笔消费不能超过 5000 元，月累计不能超过 10000 元。超过限额的，应通过客户的银行账户办理。

2014 年 3 月 18 日，中国人民银行调查统计司司长盛松成撰文指出，余额宝等货币市场基金投资的银行存款应受存款准备金管理。

2014 年 3 月 19 日，深圳市政府出台《关于支持互联网金融创新发展的指导意见》。

2014 年 3 月 22 日，中国建设银行下调快捷支付交易限额至单笔 5000 元，月累计 50000 元。至此，四大行均收紧快捷支付额度。

2014 年 3 月 24 日，南京市政府出台《关于促进互联网金融积聚发展的扶持政策》。

2014 年 3 月 26 日，阿里巴巴数字娱乐事业群发布"娱乐宝"，网民出资 100 元即可投资热门影视剧作品，预期年化收益率 7%。

2014 年 3 月 27 日，京东金融平台上线，有 8 家基金入驻，并推出对接货币基金的投资理财产品"小金库"，类似于余额宝、财付通。

2014 年 4 月 3 日，中国银监会和中国人民银行发布《关于加强商业银行与第三方支付机构合作业务管理的通知》（银监发〔2014〕10 号）。同日，马云通过浙江融信实现对恒生集团 100% 股权的收购，控股恒生电子。

2014 年 4 月 3 日，上海招财宝金融服务信息有限公司宣布成立。该公司由浙江阿里巴巴投资设立。招财宝主要面向 8100 万余额宝客户。

2014 年 4 月 15 日，京东开售"京东 8.8"基金产品，年化现金支付比率（非年化率）为 8.8%，被称为京东金融首款"超级理财"。

2014 年 4 月 28 日，百度宣布全面清理不良 P2P 网贷平台。

2014 年 5 月 7 日，中国电信推出理财产品"添益宝"。该产品是翼支付联合民生银行，向高级实名认证用户提供的一种余额理财服务，其年化收益率可达 5% ~ 7%。

2014 年 5 月 12 日，包括余额宝在内的"宝宝们"收益率跌破 5%。

2014 年 5 月 19 日，中信银行推出被誉为中国版货币市场存款账户的"薪金煲"。其特点是申购赎回全自动，直接在 ATM 上取现。

2014 年 5 月 20 日，彩票 365 网站推出彩票理财产品。

2014 年 5 月 20 日，中申联合控股集团运营的国内首家第三方互联网金融门户网站——众筹汇上线。

2014 年 5 月 22 日，京东在纳斯达克挂牌上市。

2014 年 5 月 22 日，腾讯与浦发银行联合宣布，共同发起"移动支付安全联合守护计划"。

2014 年 5 月 22 日，中国建设银行与支付宝签署第三方支付机构备付金存管框架协议。

2014 年 5 月 26 日，北京财路通网络科技有限公司与中国人寿财产保险股份有限公司北京分公司签署业务合作协议。

2014 年 6 月 7 日，山东省互联网金融协会成立。

2014 年 6 月 30 日，2014 年上半年全国 P2P 网贷成交额 964.5 亿元，超过 2013 年全年 892.5 亿元的成交额。

2014 年 7 月 1 日，天猫推出"分期购"服务。

2014 年 7 月 7 日，贵阳市政府出台《科技金融和互联网金融发展规划（2014 ~ 2017 年）》。

2014 年 7 月 15 日，中国人民银行在其网站挂出第五批第三方支付牌照名单，获批企业总计 19 家。此次牌照发放后，持牌单位增加到 269 家。

2014 年 7 月 25 日，前海微众银行等 3 家民营银行正式获批筹建。

2014 年 8 月 7 日，上海市政府出台《关于促进本市互联网金融产业健康发展的若干意见》（"互联网金融 20 条"）。这是全国首个省级地方政府关于互联网金融的指导性文件。

2014 年 8 月 8 日，国家互联网信息办公室发布《即时通信工具公众信息服务发展管理暂行规定》（"微信十条"）。主要内容包括：国家互联网信息办公室负责统筹协调指导即时通信工具公众信息服务发展管理工作；即时通信工具服务提供者应当取得互联网新闻信息服务资质；保护用户信息及公民个人隐私；要求即时通信工具服务使用者通过真实身份信息认证后注册账号；即时通信工具服务使用者承诺遵守法律法规、社会主义制度、国家利益、公民合法权益、公共秩序、社会道德风尚和信息真实性等"七条底线"；即时通信工具服务使用者开设公众账号分类备案；公众账号未经批准不得发布、转载时政类新闻；等等。

2014 年 8 月 30 日，万科广州公司联合腾讯推出了一款地产互联网金融产品——万科理财通。

2014 年 9 月 11 日，P2P 网贷平台积木盒子宣布，获得总额为 3719 万美元的 B 轮融资。其中，小米公司和顺为资本领投。

2014 年 9 月 18 日，上海市长宁区政府发布《关于促进互联网金融产业发展的实施意见》。

2014 年 9 月 19 日，阿里巴巴集团于纽交所正式挂牌上市，并成为美国迄今为止最大规模 IPO。

2014 年 9 月 21 日，百度金融携手中信信托、中影股份及德恒律所联合推出"百发有戏"电影大众消费互联网服务平台，探索"消费众筹＋电影＋信托"的全新互联网金融商业模式。

2014 年 9 月 25 日，中信建投与中搜达成战略合作，双方推出互联网金融理财产品——"聚宝盆"。

2014 年 9 月 26 日，中国工商银行与 TCL 集团举行全面战略合作协议签约仪式。

2014 年 9 月 26 日，绿地集团与平安集团旗下平安好房举行合作协议签约仪式，通过合作进一步发挥房地产、金融、互联网的跨界优势。

2014 年 9 月 29 日，中国银监会批准筹建浙江网商银行。

2014 年 10 月 16 日，蚂蚁金融服务集团正式宣告成立。这是首家互联网金融控股集团，业务涉及支付、理财、融资、保险四大板块。

2014 年 11 月 19 日，国务院常务会议提出，"鼓励互联网金融等更好向小微、'三农'提供规范服务"，"开展股权众筹融资试点"。

2014 年 11 月 21 日，杭州市政府出台《关于推进互联网金融创新发展的指导意见》。

2014 年 12 月 6 日，上海市黄浦区政府出台《关于进一步促进互联网金融发展的若干意见》。

2014 年 12 月 8 日，支付宝 10 年对账单在线公布。从支付金额看，广东、浙江、上海、北京和江苏 5 省名列前茅；从支付次数看，支付宝共提供消费支付、公共事业缴费、转账、理财、信用卡还款、国际汇款等服务 423 亿笔。

2014 年 12 月 10 日，中国保监会公布《互联网保险业务暂行管理办法》征求意见稿。这是首个互联网金融监管征求意见文件。

2014 年 12 月 16 日，北京市网贷行业协会成立。这是我国第一个地方性网贷行业协会组织。

2014 年 12 月 16 日，江苏省互联网金融协会成立。

2014 年 12 月 18 日，中国证券业协会发布《私募股权众筹融资管理办法（试行）》征求意见稿，对股权众筹备案登记和确认、平台准入、发行方式及范围、投资者范围等做出规范。

2015 年

2015 年 1 月 4 日，李克强总理在广东深圳考察国内首家互联网银行——前海微众银行，并敲下电脑 Enter 键，完成第一笔放贷业务。他说："微众银行一小步，金融改革一大步。"该银行既无营业网点，也无营业柜台，更无财产担保，而是通过人脸识别技术和大数据信用评级发放贷款。

2015 年 1 月 13 日，中国人民银行印发《关于推动移动金融技术创新健康发展的指导意见》，强调移动金融是发展普惠金融的有效途径。中国人民银行科技司司长王永红表示，2015 年将成为移动金融的"普及年"。

2015 年 1 月 14 日，贵州省金融研究院和贵州省财经金融控股企业集团共同发起成立互联网金融研究中心。

2015 年 1 月 19 日，第二届互联网金融全球峰会在北京召开。

2015 年 1 月 19 日，前海微众银行开始试营业。

2015 年 1 月 19 日，广州市政府出台《广州市推进互联网金融产业发展的实施意见》。

2015 年 1 月 20 日，中国银监会增设普惠金融工作部，承担融资担保、小额贷款、网络贷款等监管职责。

2015 年 1 月 21 日，大公信用数据有限公司公布 266 个网贷平台黑名单和 676 个预警名单，引发业界对互联网金融评级和黑名单的争议。

2015 年 1 月 22 日，浙江省人民政府金融工作办公室等部门印发《浙江省促进互联网金融持续健康发展暂行办法》。

2015 年 1 月 28 日，中证众筹平台正式启动，首批 10 个股权众筹项目挂牌。

2015 年 1 月 28 日，芝麻信用开始公开测试，推出芝麻信用分。

2015 年 2 月 7 日，云南省政府金融办公室出台《关于支持昆明高新区建设互联网金融中心的函》。

2015 年 3 月 5 日，国务院总理李克强在十二届全国人大三次会议《政府工作报告》中使用了"互联网金融异军突起"这一表述，强调要"促进电子商务、工业互联网和互联网金融健康发展"。

2015 年 7 月 1 日，股票投资理财平台——"人人操盘"正式上线。这是国内第一家将 P2P 理念融合于股票投资理财的一站式创新投资平台，旨在为用户提供固定收益理财、股票收益理财等金融服务。

2015 年 7 月 4 日，《国务院关于积极推进"互联网＋"行动的指导意见》发布。

2015 年 7 月 10 日，国产电影《西游记之大圣归来》上映，影片出品人在微信朋友圈发起众筹，获得来自 89 个投资人的 780 万元资金。

2015 年 7 月 11 日，南宁市政府出台《南宁市促进互联网金融产业健康发展的若干意见》。

2015 年 7 月 18 日，中国人民银行、工业和信息化部、公安部、财政部、国家工商总局、国务院法制办、中国银行业监督管理委员会、中国证券监督管理委员会、中国保险监督管理委员会、国家互联网信息办公室联合印发《关于促进互联网金融健康发展的指导意见》。

2015 年 7 月 23 日，中国保险监督管理委员会出台《互联网保险业务监管暂行办法》。

2015 年 7 月 28 日，深圳市互联网金融协会成立。

2015 年 7 月 28 日，武汉市政府发布《关于支持互联网金融产业创新发展的实施意见》。

2015 年 7 月 31 日，中国人民银行公布《非银行支付机构网络支付业务管理办法》（征求意见稿），向社会公开征求意见。

2015 年 7 月 31 日，中国第一家连接中国与全球股权投资者和创业者的股权众筹平台——豆丁汇上线。

2015 年 8 月 10 日，阿里巴巴与苏宁云商达成战略合作。阿里巴巴投资 283 亿元参与苏宁云商的非公开发行股份，占发行后总股本的 19.99%，成为苏宁云商第二大股东。苏宁云商以 140 亿元认购不超过 2780 万股的阿里巴巴新发行股份。这意味着双方将全面打通电商、物流、售后服务、营销、大数据等线上线下体系。

2015 年 8 月 20 日，股权众筹首个民事案件开庭，原告"人人投"状告诺来多餐饮公司。

2015 年 9 月 7 日，国家知识产权局等五部委发布《关于进一步加强知识产权运用和保护助力创新创业的意见》。提出"支持互联网知识产权金融发展，鼓励金融机构为创新创业者提供知识产权资产证券化、专利保险等新型金融产品和服务"。

2015 年 9 月 23 日，《国务院关于加快构建大众创业万众创新支撑平台的指导意见》发布。提出"积极开展实物众筹"、"稳步推进股权众筹"、"规范发展网络借贷"等措施。

2015 年 10 月 29 日，中共十八届五中全会通过《中共中央关于制定国民经济和社会发展第十三个五年规划的建议》。提出"规范发展互联网金融"。

2015 年 12 月 8 日，"e 租宝"及关联公司因涉嫌非法集资被查，涉案资产被冻结。

2015 年 12 月 10 日，首届中国（北京）互联网金融展览会在北京开幕。

2015 年 12 月 10 日，江苏省政府出台《关于促进互联网金融健康发展的意见》。

2015 年 12 月 15 日，P2P 平台"短融网"诉，评级机构"融了60"不具备信用资格，为此类第一案。

2015 年 12 月 18 日，宜人贷在纽交所敲钟上市，中国 P2P 海外上市第一股诞生。

2015 年 12 月 28 日，中国银监会就《网络借贷信息中介机构业务活动管理暂行办法（征求意见稿）》向社会公开征求意见。

国际篇

1995 年

1995 年，富国银行（Wells Fargo）正式通过互联网提供线上银行的服务。

1995 年，美国成立全球第一家无任何分支机构的纯网络银行——美国第一安全网络银行（Security First Network Bank，SFNB）。该银行由 Area

Bank 股份公司、Wachovia 银行公司、Hunting Bancshares 股份公司、Secureware 和 Five Space 计算机公司联合发起，由美国联邦银行管理机构批准。

1995 年，嘉信（Charles Schwab）推出全球第一套网上证券交易业务。

1995 年，全球最大的保险电子商务站点 InsWeb 公司创立。这是一家不依托于传统保险机构，完全从事在线保险业务的互联网保险公司。

1996 年

1996 年，Netbank 成立。该银行是美国最早的纯网络银行之一，没有实体网点，主要提供零售银行、公司银行、按揭、支付汇兑和其他中间业务服务。

1996 年，美国消费者金融服务公司 Bankrate 开始发展网上业务。

1996 年，法国安盛保险集团试行网上直销。

1996 年，日本大和证券开始引入并实施网上交易。

1997 年

1997 年，Beneficial Finance 在美国首推实时小额贷款。Bank of Montreal-kal 开始提供实时抵押贷款。E－loan 开始提供在线抵押经纪人业务。River City Bank 为其网站增加个人金融服务功能。Nextcard 开始提供网上信用卡服务。

1997 年，韩国政府修订《证券交易条例》，把网上证券交易定义为通过电子通信系统，如互联网、个人电脑、自动回复系统等非证券公司职员直接参与协助而进行的证券买卖。

1998 年

1998 年，美国第一安全网络银行（Security First Network Bank，SFNB）因巨额亏损被加拿大皇家银行金融集团以 2000 万美元收购。

1998 年，新加坡发展银行推出网上银行服务。新加坡独立网络银行——吉宝达利银行（Keppel Tatlee Bank）成立。

1998 年，汇丰银行在英国设立 First Direct 银行，提供网络银行服务。

1998 年，德国 Quelle 公司设立 Entrium Direct 银行，开始提供网络银行服务。

1998 年，东京证券交易所推出专门为正常交易时间以外进行的交易而设计的大宗交易和"一揽子"证券交易电子化网络。

1999 年

1999 年，PayPal 创建货币市场基金。基金由巴克莱及之后的贝莱德母账户管理，PayPal 用户只需简单地进行设置，存放在 PayPal 支付账户中不计利息的余额就将自动转入货币市场基金，从而获得利息收益。

1999 年，美林证券开始为投资者提供网络证券交易服务。

1999 年，德国 First－e 网络银行出现巨额亏损，被德国 DAB 银行收购。

1999 年，香港东亚银行推出网上银行服务，东亚证券有限公司推出网上股票买卖服务。

1999 年，日本出现名为 Alacdirect. com 的网络保险公司。由总部设在美国的 AFLAC 公司和日本电信共同投资设立并管理，通过互联网推销保险业务，主要服务于 40 岁以下的客户。

2000 年

2000 年，欧盟公布《电子货币机构指令》（EMI Directive），要求各成员国规范电子货币机构的成立、运营并审慎监管。

2000 年，荷兰国际集团（International Netherlands Groups）在美国成立具有独立法人资格的网上银行 ING DIRECT，主要通过电话和互联网方式直接向客户提供简单的金融服务。

2000 年，由樱花银行、住友银行、日本生命保险和富士通等 8 家公司联合出资成立的日本首家独立网络银行——日本网络银行（JNB）开始营业，仅有 266 名员工。

2000 年，日本网络银行与富士通公司合作，提供网络结算服务。

2001 年

2001 年，美国先锋众筹融资平台（Pioneering Crowd－financing Platform）成立。

2001 年，日本伊藤忠商事和住友商事等十几家日本著名商业企业出资建立 E－Bank 网络银行，后改为乐天银行。

2001 年，日本针对互联网金融业务的《金融商品销售法》正式颁布。

2002 年

2002 年，新加坡独立网络银行——吉宝达利银行（Keppel Tatlee Bank）被华侨银行收购，个人业务关闭，转而面向企业客户提供存贷款、企业融资、现金管理、国际结算等网上银行服务。

2003 年

2003 年，众筹网站 ArtistShare 开始运营众筹项目，标志着互联网众筹模式的诞生。

2004 年

2004 年，美国网络金融交易平台 SecondMarket 成立。通过该平台网站，企业家、员工或者风险投资公司可以在首次公开募股之前出售股份给潜在的投资者。条件是股权入市交易前必须获得标的公司的认可，投资者必须具有 100 万美元以上的净资产或年收入超过 20 万美元。在 SecondMarket 上，卖方将要出售的资产张贴在公告板上，系统会自动在会员记录中快速搜寻，根据会员兴趣或以往交易类型和规模寻找到合适的买家。一旦买卖双方达成一致，Second Market 会敲定法律、结算和支付等问题，收取成交价格 2%~4% 的佣金。

2004 年，北欧联合银行网上用户达 400 万，成为全球最大的网上银行。

2005 年

2005 年 3 月，英国第一家 P2P 网络借贷平台 Zopa 上线运营。这也是全球第一家网络借贷平台。

2005 年，美国万事达、Visa 和运通公司主要服务商的数据处理中心网络被黑客程序侵入，导致 4000 万个账户信息被黑客截获。

2005 年，美国花旗集团丢失一盘包含近 400 万零售客户数据的备份磁带，包含有大约 20 万客户资料的磁带。这类事件为互联网金融数据储存安全敲响了警钟。

2006 年

2006 年 2 月，美国繁荣市场公司（Prosper Marketplace Inc.）在美国上线运营。这是美国第一家 P2P 网络借贷平台。

2006 年 10 月，Socbank 公司在美国特拉华州成立。2006 年 11 月，更名为 Lending Club。截至 2014 年 6 月 30 日，Lending Club 累计贷款金额超过 50 亿美元，支付给投资人的利息超过 4.9 亿美元。

2006 年 11 月，美国非营利性 P2P 网络借贷平台 Kiva 上线运营。通过向全球范围内 100 多个微金融机构提供无息贷款，鼓励上述机构向所在社区提供金融支持。

2006 年，Google 首席执行官埃里克·施密特正式提出"云计算"（Cloud Computing）概念。

2007 年

2007 年，德国 P2P 网络贷款公司——Smava、Auxmoney 开始运营，主

业是借助网络平台提供个人与个人间小额贷款中介服务。

2007 年，ASSOB 上线。之后发展为澳大利亚最大的本土股权众筹平台。

2007 年 5 月 24 日，Lending Club 在 Facebook 上线"合作性的 P2P 贷款服务"，为 Facebook 用户提供不需要银行参与、借贷双方直接联系、拥有更优惠利率的贷款渠道。

2007 年 9 月 13 日，Lending Club 开始使用自己的网站提供服务，并在网站上使用 Lending Match 系统。

2007 年 10 月 31 日，Lending Club 宣布推出"基于熟人关系的借贷款服务"，通过高等院校校友组织网站来实现资金借贷。

2007 年，肯尼亚最大电信运营商（Safaricom）和英国沃达丰公司（Vodafone）共同开发手机支付系统 M－PESA。

2007 年 7 月，美国的众筹行业组织——美国金融业监管局（Financial Industry Regulatory Authority，FINRA）成立。该组织由美国证券交易商协会（NASD）与纽约证券交易所（NYSE）的会员监管、执行和仲裁部门合并而成，接受美国证券交易委员会（SEC）的监管。

2008 年

2008 年，基于大数据的网络贷款公司 Kabbage 上线。Kabbage 能够通过自己独特的信用风险评分模型，在 7 分钟内做出付款判断。

2008 年初，美国证监会（SEC）加强对 P2P 的监管。要求网贷平台履行 SEC 规定的注册义务，将自己的产品作为证券向 SEC 登记。

2008 年 4 月，根据 SEC 的监管要求，Lending Club 开始暂停为投资者提供收益权凭证购买服务，也暂不接受贷款人注册和向其提供贷款合约。

2008 年 6 月 20 日，根据 SEC 的监管要求，Lending Club 向 SEC 提供 S－1 表格，申请发行 6 亿美元的会员支付凭证，并于当年 8 月向 SEC 提交了有关利率计算方式和"转售交易系统"的相关文件。

2008 年 10 月 14 日，Lending Club 完成了 SEC 要求的注册程序，公布了募集说明书，恢复 P2P 贷款业务，并成为美国第一家向 SEC 注册的网络贷款平台。此后，Lending Club 开始通过发行会员支付凭证来向借款人贷款。

2008 年，美国最大的国际众筹融资平台 IndieGoGo 创建。

2009 年

2009 年，美国基于大数据的征信公司 ZestFinance 在洛杉矶成立。

2009 年 4 月，Kickstarter 正式上线，之后发展为全世界最大的众筹网站。

2009 年，美国网络金融交易平台 SharePost 成立。该公司既为非上市公司提供股票交易市场和资讯，也是一家为投资者打理交易事宜的经纪自营商。

2009 年，中本聪提出比特币（BitCoin）的最初概念。与法定货币相比，比特币没有一个集中的发行方，而是由网络节点的计算机生成，谁都有可能参与制造比特币，而且可以全世界流通，可以在任意一台接入互联网的计算机上买卖，不管身处何方，任何人都可以挖掘、购买、出售或收取比特币，并且在交易过程中外人无法辨认用户身份信息。

2009 年，日本最大的电子商务平台乐天集团（Rakuten）成为 E - Bank 的第一大股东。

2009 年 11 月，德国制定《支付服务监管法》（ZAG），明确电子货币机构不属于银行类机构，无须申领银行牌照，但须获得电子货币机构牌照。

2010 年

2010 年，美林证券的所有证券投资者都须通过网络进行证券交易。

2011 年

2011 年 1 月 15 日，全世界首家股权众筹平台 Crowdcube 在英国诞生。

2011 年，全球最大的保险电子商务站点 InsWeb 被 Bankrate. com 收购。

2011 年，PayPal 货币基金清盘。

2011 年 7 月，美国政府问责办公室（The U. S. Goverment Accountability）向国会提交《新产业增长可能出现监管挑战的报告》，对互联网金融的风险表示关注。

2011 年 8 月，英国 3 家最大的 P2P 网络贷款公司 Zopa、Funding Circle、RateSetter 发起成立行业自律组织——P2P 融资协会（P2P Finance Association），提出 10 条自律性指导原则。

2012 年

2012 年，德国基于大数据的征信公司 Kreditech 成立。该公司致力于提供在线短期小额贷款。

2012 年 4 月，美国总统奥巴马签署《创业企业融资法案》（JOBS），将股权众筹平台纳入合法化、规范化轨道。

2012 年 12 月，英国众筹行业协会（The UK Crowdfunding Association，UKCA）由 14 家众筹企业发起成立。该协会在英格兰和苏格兰两个区域注册，按照公司模式运营。

2013 年

2013 年，亚马逊宣布推出亚马逊币。亚马逊币是一种新的虚拟货币，可以供美国用户购买 Kindle Fire 里的应用程序、游戏和应用程序中的道具物品。

2013 年 3 月，欧盟委员会公布《欧洲经济长期融资绿皮书》，提出支持包括众筹融资在内的非传统融资方式。

2013 年 4 月，英国金融服务管理局（FSA）分拆为审慎监管局（PRA）和金融行为监管局（FCA），FCA 接替英国公平交易管理局（OFT）承担对 P2P 网络贷款的监管职责，并负责对互联网支付机构的监管。

2013 年 5 月，英国第一家获得金融行为监管局（FCA）批准的股权众筹融资平台 Seedrs 上线。

2013 年 6 月 17 日，加拿大安大略省证监会（OSC）批准非盈利网络贷款平台（MaRS Social Venture Connection，MaRS）。这是目前加拿大金融监管部门批准的唯一一家 P2P 网络贷款平台，而且是公益性的。

2014 年

2014 年 3 月，Lending Club 开始提供商业信贷服务。

2014 年 3 月，英国金融行为监管局（FCA）发布《关于网络众筹和通过其他方式推介不易变现证券的监管规则》，并于 4 月 1 日生效。上述规则确立了英国 P2P 网络借贷的监管框架。

2014 年 4 月，Lending Club 收购 Springstone 公司，开始提供教育和医疗信贷服务。

2014 年 12 月，Lending Club 在美国上市。

2015 年

2015 年 1 月，Lending Club 与 Google 宣布展开合作。Lending Club 将为 Google 建立一个特别的承销程序，允许 Google for Work 下欲寻求贷款的合作伙伴申请不超过 60 万美元的贷款。

2015 年 1 月，Prosper 宣布不再每天更新贷款数据，而是改为每季度末更新一次，以求在维护适度透明和保护其知识产权间取得平衡。

2015 年 1 月，Prosper 以 2100 万美元成功收购美国医疗借贷公司（American Healthcare Lending）。这是 Prosper 完成的首例收购。

2015 年 2 月，Lending Club 与阿里巴巴达成协议，将为从 Alibaba. com 购买商品或设备的美国买家提供最多达 30 万美元的短期贷款，每月固定利率 0.5% ~ 2.4%。

2015 年 3 月，英国政府出资 200 万英镑设立"P2P 影响力基金"，未来该基金将通过 P2P 和众筹平台，支持社会组织的活动。

2015 年 4 月，全球 P2P 网络借贷行业峰会 LendIt 在美国纽约隆重召开。此次参会人数超过 2400 人，来自于 40 多个国家和地区，其中人数最多的是美国、英国和中国。LendIt 2015 峰会透露了三个 P2P 行业发展趋势：移动化、智能化、线下与线上结合。

2015 年 4 月，Lending Club 与花旗银行宣布展开合作。Lending Club 负责提供包括贷款者在内的风控模型，花旗负责选取目标贷款人，共同为美国低收入家庭发放 1.5 亿美元贷款。

2015 年 4 月，Prosper 与 OnDeck 宣布将结成战略合作伙伴关系。在此合作框架下，Prosper 和 OnDeck 将开发全新的服务解决方案，以满足顾客在彼此专属领域之外的需求。此前，Prosper 专注于个人 P2P 业务，主要经营 2000 ~ 35000 美元的固定利率、固定期限贷款；OnDeck 擅长小企业网络信贷，提供 5000 ~ 250000 美元的小企业贷款以及商业授信额度。

2015 年 7 月，英国政府正式公布的财政预算案中包含了一条关于互联网金融的特别政策：未来个人通过 P2P 等互联网金融进行的资金借贷可被计入个人的免税储蓄账户。这一免税政策无疑将极大鼓励投资者使用互联网金融进行投资。

2015 年 10 月，美国、日本、澳大利亚等 12 个国家在亚特兰大举行的部长会议结束谈判并宣布达成"跨太平洋战略经济伙伴协定"（TPP）。在"电子商务"章节中，确保互联网和数字经济的驱动力——全球信息和数据的自由流动，但须遵循合法的公共政策目标，例如个人信息保护等。

附录 2　竞争力研究综述

李继尊

一、竞争力概念

竞争力存在的前提是竞争。《新帕尔格雷夫经济学大辞典》[①] 对 "竞争" 的解释是："竞争系个人（或集团）间的角逐；凡两方或多方力图取得并非各方均能获得的某些东西时，就会有竞争。竞争至少与人类历史同样悠久，所以，达尔文（Darwin）从经济学家马尔萨斯（Malthus）那里借用了这一概念，并像经济学家用于人的行为那样，将它应用于自然物种。"竞争力正是由衡量竞争优势、判断竞争结果的需要而生。

目前，国内外学术界对竞争力并没有统一的定义。美国总统产业竞争力委员会（1985）将竞争力定义为："在自由和公平的市场环境下，生产经得住国际市场检验的产品和服务的同时，保持和扩大其国民实际收入的能力。"美国哈佛大学教授迈克尔·波特（1990）认为，竞争力是国家为产业发展创造 "商业环境" 的能力。竞争力用生产率来衡量，经济发展的核心挑战是如何为迅速而持续的生产率增长创造条件。经济合作与发展组织（1992）认为，竞争力是企业、产业、地区、国家或超国家区域在可持续发展的基础上，进行相对较高效的要素利用和生产的能力。美国复兴经济委员会委员、加州大学伯克利分校教授 Tyson（1992）认为，一个企业如果能够比国内和国际的竞争者以更低的成本和更高的质量生产产品或提供服务，那么，这个企业就有竞争力。竞争力与一个企业的长期盈利绩效、补偿其员工劳动付出的能力以及向其所有者提供高额回报的能力是同义的。英国审计委员会主席 Hughes（1993）认为，竞争力包含两种：一是相对的效率（动态或静态），二是相对的国际贸易绩效（市场份额、显性比较优势）。联合国贸易和发展会议（1993）认为，竞争力既涉及企业，又涉及国家。国

[①]《新帕尔格雷夫经济学大辞典》，经济科学出版社 1992 年版。

家竞争力并不是单个企业竞争力的简单加总，而是由一系列因素综合形成的，如生产率、技术创新、投资、进出口价格、贸易和资本平衡、税收、政治稳定性等。《世界竞争力报告》（1993）认为，竞争力是一国或一公司在国际市场上均衡地生产出比其竞争对手更多财富的能力。美国斯坦福大学教授 Ramsay（1995）认为，竞争力是提高市场份额、实现利润增值和附加价值增长，以及在长期内保持竞争性的能力。洛桑国际管理发展学院（1997）认为，竞争力是一个国家或地区创造持续高速经济增长的能力。竞争力用经济开放程度、政府作用、金融市场的发展水平、基础设施、技术水准、企业管理水平、劳动力以及司法制度健全程度 8 项指标来衡量。中国社会科学院研究员金碚（1997）认为，竞争力是指在国际间自由贸易条件下（或在排除了贸易壁垒因素的假设条件下），一国特定产业以其相对于他国的更高生产力，向国际市场提供符合消费者（包括生产性消费者）或购买者需求的更多产品，并持续地获得盈利的能力。中国社会科学院研究员樊纲（1998）认为，竞争力指的是一国商品在国际市场上所处的地位，竞争力的概念也可以理解为成本概念。中国社会科学院研究员倪鹏飞（2002）认为，竞争力是创造价值的综合能力。《中国区域竞争力发展报告》（2005）认为，竞争力是一个国家或地区参与市场竞争的能力，涉及经济活动的方方面面。日本东京大学教授、TPS（Toyota Production System）理论的倡导者藤本龙宏（2007）认为，竞争力可以从三个方面来考察：静态的能力、改善的能力和进化的能力。综上所述，竞争力的定义不是孤立的，而是具体到国家、地区、产业、企业、产品等各个方面，研究的参照物以国外为主。

竞争力的类型划分也不一致：按照竞争主体划分，包括国家竞争力、产业竞争力、企业竞争力等；按照竞争对象划分，包括产品竞争力、价格竞争力、成本竞争力、规模竞争力等；按照行业划分，包括钢铁、电信、旅游等各个行业的竞争力。

二、竞争力理论研究

竞争力研究最早可以追溯到古典经济学的比较优势理论，作为正式的研究对象则始于 20 世纪 80 年代。此后 30 多年来，关于竞争力的研究大致分为两个阶段。第一阶段，20 世纪 80～90 年代初。这是竞争力研究的起步阶段。为了应对传统产业在国际竞争中的不利局面，在美国，罗纳德·里根总统于1983年任命了一个"工业竞争力总统委员会"，开展产业国际竞争力研究。在欧洲，世界经济论坛（WEF）和瑞士洛桑国际管理发展学院（IMD）于1997年合作，对全球主要国家的综合竞争力进行排名。在这个阶段，竞争力理论研究还不成熟，也没有形成有重要影响的研究成果。第二阶段，20世纪90年代初至今，是竞争力理论的形成与发展阶段。1990年，美国哈佛大学教授迈克尔·波特出版了《国家竞争优势》，提出了钻石模型。此后，竞争力研究主要沿着钻石模型的竞争力形成机理和构建产业竞争力计量分析模型这两条路线展开。

1. 比较优势理论

比较优势理论源于绝对优势理论。1776年，亚当·斯密提出了绝对优势理论，如果把不同国家的同种产品进行直接比较，可以找出劳动生产率上的绝对差异，进而发现一国生产的优势所在。各国应主要生产本国具有劳动生产率优势的产品。1871年，大卫·李嘉图在绝对优势理论基础上发展出比较优势理论。大卫·李嘉图认为，国际贸易的基础是生产技术的相对差别，而不是绝对差别。每个国家都应根据市场规则，集中生产并出口本国具有"比较优势"的产品，进口具有"比较劣势"的产品。根据比较优势理论，即使一国在所有产品上都无绝对优势，但也可通过分工获得某种产品上的比较优势。大卫·李嘉图强调的是分工合作带来的比较优势。比较优势贸易理论在更大范围上解释了贸易产生的基础和贸易利得，扬弃地发展了绝对优势贸易理论。然而，比较优势理论也存在一些不足，尤其是它侧重静态分析，认为世界是永恒的、静态均衡的世界，是各国各经济集团间利益和谐一致的世界，这一前提假定与现实之间存在较大差异。

进入20世纪后，由于大卫·李嘉图理论的一些严格假定跟不上国际贸易的新变化。此时，一个新的比较优势理论"赫克歇尔—俄林（H-O）理论"应运而生。该理论认为，资本、土地等生产要素与劳动力都在生产中起重要作用，并影响了劳动生产率和生产成本。不同的商品生产需要不同的生产要素配置，而各国生产要素的储备比例和资源禀赋不同，正是这种生产资源分配或要素禀赋上的差别，才确立了一国在国际贸易中的竞争力。实际上，无论是亚当·斯密和大卫·李嘉图的贸易模型，还是H-O模型，它们的贸易基础都是先天赋予的生产条件差别。有鉴于此，学术界把大卫·李嘉图20世纪中期的理论称为外生比较优势理论。

国际贸易发展的历程表明，比较优势理论不能从根本上改变发展中国家经济相对落后的面貌，也无法改变国与国贸易利益分配中的不公平现象。这是因为，比较优势理论过分地强调了静态的贸易利益，而忽略了贸易的动态利益，以及贸易对产业结构演进、技术进步、制度创新的推动作用。长期推行单纯的比较优势战略，会导致一国的产业结构固化，进而使发展中国家处在国际分工的不利地位，落入"比较优势陷阱"。换言之，发展中国家完全按照比较优势，生产并出口初级产品和劳动密集型产品，在与以技术、资本密集型产品出口为主的发达国家贸易中，虽然能获得利益，但贸易结构被锁定于低端环节。

2. 国家竞争优势理论

迈克尔·波特是国家竞争优势理论的提出者。他认为，比较优势、规模经济、产品周期理论都不能说明产业竞争力的本源，"新的竞争优势理论必须从比较优势的观念，提升到国家竞争优势层面"（波特，1990）。钻石模型是国家竞争优势理论的经典分析范式。在钻石模型中，波特将生产要素区分为基本要素和高级要素，认为基本要素丰富未必能提高国际竞争力，有时甚至会降低国际竞争力。国际竞争力的形成需要依靠大力开发高级要素。波特的这一理论在创新能力较强的发达国家已经被证实，但在大多数发展中国家，目前具有国际竞争力的产业大多数仍然是那些基本要素丰裕的产业。对于发展中国家来说，通过挖掘高级要素来同发达国家竞争是不现实的。

在迈克尔·波特的研究基础上，钻石模型不断发展演进。主要包括以下几个方面：

一是国际化钻石模型。20世纪90年代，经济全球化、国际投资特别是跨国公司的行为对世界各国经济的影响日渐突出。基于此，联合国贸易和发展大会顾问、英国瑞丁大学教授邓宁（1993）对钻石模型进行了修正。他认为，日益增加的跨国经济活动和跨国公司经营活动，会直接或间接影响钻石模型各个互动的关键要素，应将跨国公司活动看作第三个外生变量添加到钻石模型，以解决产品和市场全球化对国家竞争优势影响的低估问题。据此，邓宁构建了国际化钻石模型。

二是双钻石模型。美国印第安纳大学教授鲁格曼和加拿大多伦多大学教授克鲁兹（1993）在分析加拿大的国家竞争优势时，发现钻石模型在应用于小规模的开放型经济体时存在一些问题，加拿大与美国自由贸易协定使国家边界对加拿大的产业政策影响越来越小，加拿大不再是一个单独的钻石模型和自然资源基地。为了能够与美国的领先产业竞争并生存下来，加拿大本土经营者必须考虑美国因素。通过将加拿大钻石模型和美国钻石模型联系起来，鲁格曼和克鲁兹提出了双钻石模型。

三是九要素模型。钻石模型很好地解释了发达国家的国际竞争力来源。对于欠发达国家或发展中国家而言，并不必然具备钻石模型假定的国内经济环境。为此，很多学者对钻石模型进行了修改和完善，以适合不同的国情。韩国首尔大学教授赵东成（1994）根据钻石模型，结合韩国实际，提出了九要素模型。他将决定产业国际竞争力的要素分为三大类，包括：四种物理因素，即资源禀赋、商业环境、产业扶持政策、国内需求；四种人力因素，即工人、政治家和官僚、企业家与职业经理、工程师；外部机遇因素。

国家竞争优势理论认为，一个国家市场规则越苛刻、越高级、越细分，产业的竞争力越大。但对于大多数发展中国家而言，许多产业都处在幼稚阶段，实施过于苛刻的市场管制无异于自杀。国家竞争优势理论假设企业可以轻易获得先进的技术和管理经验。然而现实的情况是，资本流动在世界范围内还存在不少阻碍，广大发展中国家难以获得一流的技术与管理经验。国家竞争优势理论没有涉及跨国公司，而跨国公司对世界经济的影响越来越大，中国统计的绝大部分贸易顺差是由跨国公司创造的，并不能真实反映中国产业的国际竞争力。总体而言，国家竞争优势理论是建立在发达国家基础上的，未必适用于发展中国家。

3. 核心竞争力理论

核心竞争力理论可以追溯到20世纪80年代的企业资源基础论。在企业资源基础论看来，企业集合了有形资产和无形资产。企业所占有的独特资源以及在特定环境中对资源的配置方式，决定了企业的成功和竞争优势。可以看出，资源基础论倾向于将企业的发展原因归结为企业内部机制，而将企业效益不同的原因归结为资源与能力的差异。由于核心竞争力理论可以有效地对企业间组织特别是战略联盟以及虚拟企业的发展提供理论支持，从而迅速成为企业发展战略的主导理论。在核心竞争力理论看来，企业本质上是基于能力的分工，是一种能力的组合，而不仅是所生产的产品组合。在这种组合下，企业的边界和规模被企业核心能力所界定，任何企业期望在产品设计、产品生产、销售等各个环节都具备竞争优势的时代不复存在。

可以说，企业之间的竞争已经转化为能力竞争的代名词。一方面，企业要推进内部流程改革，提高对顾客需求的快速反应能力；另一方面，企业要界定核心竞争力，占领具备核心竞争力的业务范围。在核心竞争力理论的指导下，企业的发展战略重点应转到强化自身的核心业务，通过与其他企业合作的方式管理非核心业务。

从现实来看，核心竞争力理论有着不可忽视的缺陷。首先，它不能解释为什么大量的中小企业并不具备核心竞争力，但他们仍然在激烈的竞争中生存下来，并取得了发展。其次，它也不能解释为什么有些企业拥有核心竞争力，却依然难以在市场竞争中独领风骚。本书认为，核心竞争力理论不是万能的，过分强调核心竞争力，容易导致企业忽视非核心能力的培养，不利于提升企业的综合素质。这样发展起来的企业，更可能是一个畸形的企业。

三、竞争力实证研究

建立竞争力评价指标体系是实证研究的一个重点。金碚、李钢和陈志（2006）从比较优势和竞争优势两个角度，构造了包括三个层次、八个指标的制造业国际竞争力评价体系。在该评价体系中，比较优势使用"某一行业占该国出口的比例"、"出口增长率优势指数"和"显性比较优势指数"（RCA）指标来衡量，竞争优势使用"国际市场占有率"、"美国市场渗透率"、"日本市场渗透率"、"欧盟市场渗透率"、"贸易竞争指数"指标来衡量。崔大沪（2003）构造了一个包括第一产业、第二产业和第三产业的竞争力评价指标体系，结果发现一国产业竞争力的强弱不仅取决于经济增长，还取决于经济发展的质量和可持续发展能力。

目前，竞争力的评价方法主要有三种。

一是因子分析法。因子分析法多用来处理多指标评价问题，主要是通过降维的方法，用少数几个因子描述指标或因素之间的联系。严于龙（1998）在分析我国地区经济竞争力时，采用"经济实力"、"对外开放程度"、"政府作用"、"金融活动"、"基础设施"、"管理水平"、"科学技术"和"人力资本"这几大类要素指标，作为衡量我国地区竞争力的基本要素。

二是偏离—份额分析法。偏离—份额分析法从产业结构和竞争力因素两个方面解释区域经济增长速度的差距。刘希宋和李响（2005）根据1997

年（基期）和 2001 年（报告期）的"国民生产总值"、"高技术产业群及各群内产业增加值"，运用偏离—份额分析法计算各指标，对高技术产业群中的各产业部门进行比较评价。他们得出的行业竞争力排序是：电子及通信设备制造业，电子计算机及办公设备制造业，医药制造业，医疗器械及仪器仪表制造业，航空航天器制造业。

三是数据包络分析法。数据包络分析法是以相对效率概念为基础发展起来的一种效率评价方法。赵昕、薛俊波和殷克东（2002）将商业银行作为决策单元，以"员工人数"、"营业费用率"、"一级资本"作为反映商业银行竞争力的投入指标，以"资产收益率"、"人均利润率"作为反映商业银行竞争力的产出指标，对四大国有商业银行和交通银行、中信实业银行、光大银行 3 家股份制银行的竞争力进行横向比较，得出了四大国有商业银行的竞争力远低于股份制商业银行的结论。

综上所述，竞争力研究主要集中在国家、产业和企业层面，侧重于国际比较。本书研究的互联网金融竞争力，实际上是从产业角度，与传统金融相比较，分析其竞争优势和发展前景。目前，基于这一视角研究互联网金融基本是空白。尽管如此，竞争力研究的成果对于分析互联网金融的竞争力仍有指导意义。比如，波特在五种竞争力量①博弈的基础上，提出了总成本领先（Overall Cost Leadership）、差别化（Differentiation）、专一化（Focus）三类成功的战略。类似的分析视角和方法值得借鉴。

附录3　比较活跃的互联网金融业态

李继尊

一、第三方支付

第三方支付起源于美国的独立销售组织制度（Independent Sales Organi-

---

① 五种竞争力量包括供应商的讨价还价能力、购买者的讨价还价能力、新进入者的威胁、替代品的威胁、行业内现有竞争者的竞争。

zation）。20 世纪 80 年代，Visa 卡和 Master 卡占领美国市场，企业开展电子商务需要建立商业账户，接受信用卡支付。虽然独立销售组织可以为无法获得商业账户的部分商户提供服务，但收费高昂，包括提现费、交易费和月费等。正是基于商户更加安全、便捷、高效的支付服务需求，第三方支付应运而生，逐渐涌现出 GlobalCollect、Authorize、MoneyGram、PayPal 等一批第三方支付公司。其中，以 PayPal 市场份额最大。这家在线支付公司成立于 1998 年，在全球的注册账户超过 1 亿个，支持 20 多个币种的交易。

2011 年 5 月，中国人民银行发放首批第三方支付业务许可证（"牌照"），标志着中国第三方支付企业进入新的发展阶段。截至 2015 年 6 月底，我国获得牌照的第三方支付机构有 269 家，电商企业、传统行业、互联网巨头、电商运营商、独立第三方支付企业等纷纷布局。按照业务划分，国内第三方支付平台可以分为以下四类。

以业务模式看，一种是平台依托型。此类第三方支付平台拥有成熟的电商平台和庞大的用户基础，通过与各大银行、通信服务商等合作，搭建网上线下全覆盖的支付渠道，在牢牢把握支付终端的基础上，经过整合、包装商业银行的产品和服务，从中赚取手续费和息差，并进一步推广其他增值金融服务。如支付宝和财付通。另一种是行业应用型。此类第三方支付平台面向企业用户，通过深度行业挖掘，为供应链上下游提供包括金融服务、营销推广、行业解决方案等一揽子服务，获取服务费、信贷滞纳金等收入。如汇付天下、快钱和易宝。

以牌照看，一种是银行卡收单型。此类第三方支付平台在发展初期通过电子账单处理平台和银联 POS 终端为线上商户提供账单号收款等服务，获得支付牌照后转为银行卡收单盈利模式。如拉卡拉。另一种是预付卡型。此类第三方支付平台通过发行面向企业或者个人的预付卡，向购买人收取手续费，与银行产品形成替代，挤占银行用户资源。如资和信、商服通、百联等。

专栏 20　网络支付时代的变革与挑战

中国社科院金融所所长助理、支付清算研究中心主任　杨涛

在新技术冲击下，整个零售支付体系都在发生巨大变革，以网络支付

为代表的新兴电子支付方式，与老百姓的生活更加密切地结合在一起，并且给经济、金融、社会发展带来更加复杂的影响。

为了更好地理解相关问题，需要对互联网支付或网络支付的概念内涵进行解读，即通常指以 PC 互联网和移动互联网支付为代表的新兴电子支付。实际上这里主要涉及两方面。

一是对于互联网支付本身服务对象和特点的界定。这里其实包括了传统的银行业机构的网络支付和非银行支付机构的网络支付。"小额便民"可能更多是围绕非银行支付机构说的，这也是这两年来讨论和争议比较大的地方。当然，如果从网络支付所代表的新兴电子支付来看，国际上的网络支付也不是只限于小额。

二是从全球来看，非银行支付机构确实在多数国家主要做小额支付，其业务呈现支付笔数巨大、单笔金额相对小的特点。但在我们国家，这两年来遇到了一些特殊情况，特别是在利率市场化改革过渡期，支付机构本身有可能提供的不仅是零售支付服务，而且在此基础上附加了其他一些金融服务，由此出现了其业务在一定程度上超出小额的特点。伴随金融市场化的推进和支付清算市场走向规范，这种短期的"超出"可能逐渐弱化。

从长远来看，应该逐渐跳出银行和第三方支付的机构分立视角，逐渐从新兴电子支付本身来看问题。因为银行业金融机构和非银行机构主导的新兴电子支付在全球发展非常快，各国都出现了产业既竞争又融合的趋势，渐渐地难以把线上和线下的产业模式简单区分开来，越来越多的业务和产品很难按照传统的分行业监管思路来看待。所以，如果还按照机构类型讨论互联网支付，则难以把握变革主线与趋势。尤其移动支付已经给 PC 互联网支付带来了新的"颠覆"，越来越多的支付产品在趋同，市场竞争者也逐渐失去了"独门秘籍"。从监管者来看，可能更多地需要集中于产品本身的支付特征、风险特征、技术标准，而不是着眼于不同支付服务提供主体，这是一个值得关注的方向。

无论是银行还是第三方支付机构，未来的创新重点，除了支付服务本身，还在于依托支付工具和端口，提供多元化的金融或非金融服务。例如，基于互联网支付平台的财富管理等。因为这些创新能够深入到"长尾"和"草根"阶层，更多是一种零散型、大众型的理财服务。

放眼未来，互联网信息技术带来的零售支付变革，将向清算环节延伸。例如，大额支付领域能够达到实时清算，而在小额支付领域，由于笔数巨大、系统难以承载，加上集中性的风险控制难题，因此只能通过批处理和定时清算的方式解决，难以达到实时。那么，随着技术的飞速发展，未来能否实现小额支付的实时化？当然，这种状况只是一种比较理想的状况，在较长时期内还无法达到。因此才有了支付交易、清算、结算的过程分离。

但是可以看到的是，零售支付这套制度安排的核心内容，其实都是信息采集与处理、交换以及货币转移问题，也就是在银行账户和支付工具的不同连接层面完成的。支付工具本身的形式可能是变化的。过去是银行卡，现在是卡组织和银行在推广无卡支付，支付工具是什么其实越来越不重要，可能被整合到手机中，可能是其他新形式。最为关键的还是决定信息和资金流动的规则是否发生变化。例如，对于卡组织从卡时代延续下来的技术标准，国内是 PBOC 标准，国外主要是 EMV 标准。那么从信用卡到无卡，推翻了那一套规则了吗？没有，只能在已有规则基础上不断进行调整和完善，这也是现有的市场格局、技术条件、变革的成本和收益等共同决定的次优选择，这是一条零售支付变革的生命线。

另外一条生命线是伴随网络支付时代直接产生的，例如，银行账户所连接的支付工具，将来可能就是网络账户本身，至于传统的卡、支票、存折等，在其中的作用完全可以剥离，那么或许会带来一套新的规则演变需求。传统延续下来的卡组织从"有形卡"到"无形卡"过渡和完善的规则，对于这些支付模式来说可能不一定最合适、最有效。因此，有人在探讨是否重新基于网络支付，建立这样一套账户和支付工具之间的联系。

当然，重建一套全新的网络支付清算规则，难度很大。这来自两个方面：一方面，传统势力的制约，全球零售支付发挥主要作用的还是几大卡组织，要推倒重来肯定不是其最优选择。另一方面，简单地区分线上和线下支付清算业务，也变得越来越困难。就全球来看，依托"卡规则"所布局的基础设施，仍然具有发挥作用的潜力和空间，在无卡化时代仍有一定的适应性。在未来多元化的支付需求大格局中，支付的"宇宙飞船"和"飞机"有需求，"火车"和"汽车"有需求，"摩托车"和"电动自行车"也有需求。

相对可行的选择，仍然是通过引入网络支付机构和其他机构共同发挥作用的新型卡组织，经过长期不断的竞争，推动过去由几大卡组织主导的零售支付市场，促进无卡时代的规则进一步完善和优化，打破原有的利益局囿，以这种渐进式改革使得产业链各方和客户都尽可能受益。

展望未来的零售支付时代，首先，在银行账户与支付工具的连接中，支付工具变成了无所不在的"物联网"形态，由此带来技术规则的新融合。其次，银行账户可能与支付工具发生融合，在风险可控的同时，银行账户自身变成了全能的支付载体。最后，或许随着生物技术的不断引入、超高频交易处理系统的演进、分布式支付清算协议的冲击，都使得零售支付与清算环节走向一体化，银行对结算环节的把控也被动摇。这些说法看似"乌托邦"，却有助于我们跳出支付看支付，看得更远一些。

二、互联网理财

互联网理财最早在美国出现，实际上是互联网基金销售。1999 年，在线支付巨头 PayPal 为吸引更多的沉淀资金，提高用户的忠诚度，创立了基于账户余额的货币市场基金。这一创新实现了电子支付和货币基金的嫁接，在线用户的账户余额能够自动转出来购买货币基金产品，原本无法计息的账户余额就可以获得收益。在支付或转账过程中，保障了在线用户的现金流动性需求，基金赎回几乎不被用户所知。为此，PayPal 建立了一套复杂的传导、沟通与风险管理机制。比如，不直接持有债券或者股票，而是以嫁接基金的方式交给巴克莱以及之后的贝莱德管理，并规定对方不得融资融券、不得对冲、不得投资浮动利率证券等。

我国互联网理财产品以 2013 年 6 月阿里巴巴率先推出的余额宝为代表，随后各种"宝宝类"产品大量涌现。这些产品在商业模式上与 PayPal 货币基金如出一辙，其共同点是：①货币市场，主要投资以本币计价的短期票据；②连接基金，将资金委托给第三方管理，自身扮演着窗口的角色；③提供现金般的流动性，用户难以体察基金赎回过程；④通过提供余额增值服务，提高用户忠诚度；⑤从管制利率中赚取利差。需要注意的是，事实上的利率双轨制给网络理财产品提供了巨大的套利空间，在银行存款尚未放开利率管制、同业存款利率放开的情况下，余额宝等"宝宝类"产品通过协议存款等方式可以获得远高于银行活期存款利率的收益。还要看到，我国金融市场还不发达，投资渠道十分有限，高收益、碎片化的互联网理财产品很容易吸引投资者，从而兴起互联网理财的热潮。

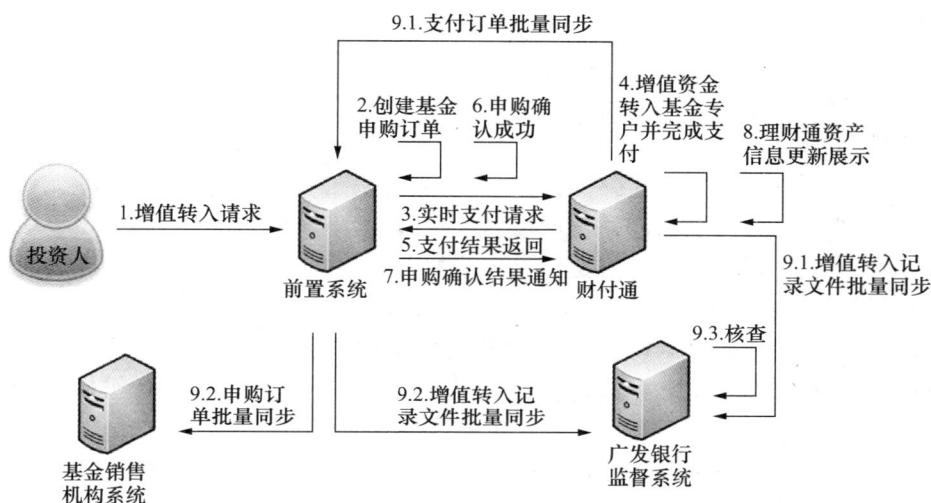

附图1　腾讯理财通业务模式

资料来源：中国信息通信研究院政策与经济研究所。

三、网络借贷

　　网络借贷是指资金借入者和借出者利用网络平台实现借贷的在线交易。网络借贷的认证、记账、清算和交割等流程均通过网络完成，一般额度都不高，无抵押，纯属信用借贷。在国外，网络借贷有三种模式：一是以Prosper为代表的纯平台中介模式。Prosper成立于2006年，是美国第一家网络借贷公司，会员超过150万名，累计借贷额已达4.08亿美元。借款人可以在网站提起2000~25000美元的借款需求，投资者针对单个借款人的最低借款额度为25美元。利率通过竞标确定。二是以英国Zopa为代表的复合型中介模式。Zopa成立于2005年，为全球首家网络借贷公司。其特点是：划分信用等级、强制按月还款、雇用代理机构追债等。三是以美国Lending Club为代表的借贷与社交平台结合模式。Lending Club成立于2007年，其通过脸谱①、其他社区网络及在线社区，将出借人和借款人聚合起来，出借人可以浏览借款人的资料，并根据自身的风险承受能力或交友意愿进行借款交易。

我国的网络借贷大体分为两种类型。一类是网络小额贷款。这类产品以阿里小贷和京东商城的供应链金融、"京保贝"、"京东白条"为代表。阿里小额贷款是阿里金融为阿里巴巴会员提供的一款纯信用贷款产品，无抵押、无担保，目前贷款产品对诚信通会员（个人版和企业版）和中国供应商会员开放，贷款放款对象为会员企业的法定代表人（个体版诚信通为实际经营人），贷款依据主要是会员在阿里巴巴平台上的网络活跃度、交易量、网上信用评价等"软信息"。在供应链金融模式下，京东商城不直接进行贷款发放，而是为金融机构提供融资信息和技术服务，由金融机构筛选客户并发放贷款，京东只是信息中介，不承担融资风险。在"京保贝"模式下，风险管理与资金提供完全由京东一手包办。其原理与阿里小贷一样，都是基于对客户交易类大数据的深入分析，区别是"京保贝"运用了银行保理业务的原理，只要贸易项下单据经过验证，可以实现"三分钟放款"。"京东白条"实际上是类似针对消费者的银行信用卡，最高贷款额度为1.5万元，可提供30天免息期和相关分期付款服务，费率仅为信用卡的一半左右。

另一类是P2P网络借贷。这是一种个人对个人、不以传统金融机构为媒介的借贷模式，借款人和出借人在P2P平台注册，借款人发布信息，也称发标，出借人参与竞标，双方在额度、期限和利率等方面达成一致即完成交易。P2P公司负责对借款人资信状况进行考察，并收取账户管理费和服务费等。P2P平台的主要模式包括：以"拍拍贷"为代表的无担保模式，以"人人贷"为代表的有担保模式。在无担保模式下，网络平台不履行担保职责，只作为单纯的中介，帮助资金借贷双方进行资金匹配。这是许多国家唯一允许存在的P2P模式。在有担保模式下，网贷平台不再是单纯的中介，既要为出借人的资金提供担保，又要承担贷后资金管理责任，同时扮演了担保人、联合追款人的复合中介角色。

---

① 脸谱（Facebook）是创办于美国的一个社交网络服务网站，于2004年2月4日上线。主要创始人为美国人马克·扎克伯格。Facebook是世界排名领先的照片分享站点，截至2013年11月每天上传约3.5亿张照片。

附表 1　主要 P2P 平台对比

	整体情况	借款人收益率	借贷模式	业务风险担保	借贷资金匹配方式
拍拍贷	成立于 2007 年 6 月，是中国第一家 P2P 网络信用借贷平台，累计借出超过 1.8 亿元	9%～22%	纯线上的模式，通过互联网完成借贷双方用户的借贷信息交互	不提供本息担保	1 对多模式
诺诺镑客	成立于 2009 年，借入者限制在上海，注册用户数 20 万人，最高借出额 3800 万元	e 诺千金——12%，e 诺标——9.6%	线上线下结合的模式，线下寻找有资金需求的中小企业，通过实地考察等方式进行信用评估，在线上发布资金需求信息进行借贷撮合	提供本息保障	未披露
陆金所	成立于 2011 年 9 月，注册资金 4.2 亿元。推出"稳盈——安 e 贷"P2P 借贷业务	8.4%	线上模式，辅以第三方担保公司提供的担保	引入具有担保资质的担保方为资金借出者提供本息担保	1 对 1，一个借入人的借款需求只能由一个借出人全部完成借款
你我贷	上海嘉银金融成立于 2010 年	12%～24%	线上线下结合模式，运营模式是线上的信贷中介平台与线下风控结合	利用风险备用金提供担保	1 对多模式
开鑫贷	2012 年 12 月，开鑫贷平台由国开金融有限责任公司和金农公司共同出资组建。最高借款额为 300 万元，平均借款额度为 145 万元，最小额度 2 万元	8%～11%	线上模式辅以第三方小贷公司线下信息审核	提供全额的本息担保	1 对多模式，但单笔借款借出人数不超过 20 人

资料来源：中国信息通信研究院政策与经济研究所。

附表 2　主要 P2P 平台对比（续）

	客户信用风险管理	借贷资金监管模式	网站信息安全管理	盈利模式
拍拍贷	对借款人，借出人进行信用等级评级，多层验证	与支付宝、财付通合作降低资金流转风险	采用国际标准 SSL 数据加密	对投资人免费，对借款人收取费用，借款成功后，收取本金的 2%~4%
诺诺镑客	未披露	支付环节与盛付通合作	对交易数据采取专线传输，对账户支付信息加密处理	收取服务费以及投资总额的 0.5%~2%
陆金所	自建风控审贷体系，建立风险谱	委托第三方机构财付通、一账通进行资金管理	调研中最为完善的多层级信息安全管理体系，自建网络运营中心和安全管理中心	要求在其平台上交易的借贷双方都要购买其指定的担保方的担保服务，陆金所通过与担保公司分成获得收益
你我贷	建立风险级别分类，实行线上线下结合进行信用核查	支付环节与盛付通合作	防火墙数据加密	向借入人收取 200 元手续费，借出人收益的 10%~20%
开鑫贷	依据江苏省金融办出台《江苏省小额贷款公司开鑫贷业务管理办法》对参与平台融资担保的江苏地区小贷公司制定严格的准入标准	开鑫贷平台借助商业银行（江苏银行）实现交易资金的直接在线结算	未披露	收取借出人投资收益的 10%

资料来源：中国信息通信研究院政策与经济研究所。

四、众筹融资

众筹融资（Crowd Funding）是指通过网络平台为项目发起人筹集从事某项创业或活动的小额资金，并由项目发起人向投资人提供一定回报的融资模式。众筹融资最早起源于美国。Kickstarter 是目前全球最大的众筹融资平台，2009 年成立，当初主要为图片、电影和音乐等项目融资，现在已发展为拥有技术、戏剧、出版、设计等 13 类项目的融资平台。众筹的雏形可追溯至 18 世纪，当时很多文艺作品都是依靠一种叫作"订购"（Subscription）的方法完成的，艺术家通过这种方式寻找订购者，筹集资金，当作品完成时，订购者会获得一本签名的书或者协奏曲的乐谱副本，或者成为音乐会的首批听众。类似的情况还有教会捐赠、竞选募资等。当然，上述众筹现象既无完整的体系，也无对投资人的回报，不具备商业模式的特征。

我国的众筹融资按照回报方式的不同分为两类：一是股权类众筹，即筹资人通过互联网众筹平台进行众筹，以公司一定数量的股份给予投资者作为回报，最终投资者能否获得实际的收益取决于公司的实际经营状况的一种众筹模式。如"天使汇"、"原始会"、"大家投"等。二是奖励类众筹，即主要以互联网网站为筹资平台，以单纯的实物产品为回报的众筹模式，如"点名时间"、"众筹网"、"追梦网"、"淘梦网"、"中国梦网"、"乐童音乐"等。目前我国的奖励类众筹模式处于主导地位。由于我国对公开募资还有一些限制，对非法集资也有硬性规定，加之众筹融资评判难、回报不确定，短时间内众筹融资还难以做大做强。

除了上述互联网金融业态，一些传统的金融机构也在积极搭建互联网平台，推出各种创新产品。主要包括两种：一是传统金融机构为客户搭建的电子商务和金融服务综合平台，客户可以在平台上进行销售、转账、融资等活动。平台不赚取商品、服务的销售差价，而是通过提供支付结算、企业和个人融资、担保、信用卡分期还款等金融服务获取利润。目前，这类平台主要有建设银行的"善融商务"、交通银行的"交博汇"、招商银行的"非常 e 购"以及华夏银行的"电商快线"等。二是不设立实体分支机构，完全通过互联网开展业务的专业网络金融机构。比如，众安在线仅从事互联网相关业务，通过自建网站和第三方电商平台销售保险产品。

附表3 2014 年众筹融资情况

众筹种类	融资类事件（起）	已募资金额（万元）	预期融资金额（万元）
股权类众筹	3091	103112	350329
奖励类众筹	5997	34946	28089
合计	9088	138058	378418

资料来源：清科研究中心。

附表4　2014年主要众筹平台情况

	天使汇	原始会	大家投	天使客
项目数（个）	2607	281	185	18
已募集金额（万元）	76900	19404	3933	2875
参与投资人数（人）	2000	1526	932	556

资料来源：清科研究中心。

附录4　关于互联网金融的思考①

李继尊

中国正在兴起互联网金融的热潮。"一石激起千层浪"，市场本身的起落以及创业的奇迹无不吸引着人们的眼球，认同、追捧、欢呼者有之，质疑、指责、嘲讽者也有之，众说纷纭。如何拨开迷雾，准确认识互联网金融的生命力，有的放矢地促进其健康发展，尤为重要。

一、互联网金融为什么在中国异军突起

互联网金融的火爆为什么没有出现在科技和金融都十分先进的发达国家，而我国后来居上？这种现象的产生绝非偶然，是多种因素共同作用的结果。

1. 移动互联、云计算、大数据等信息通信技术突飞猛进，为互联网金融提供了支撑

互联网商业应用20年来，特别是近些年，技术更新迭代一直很快。比较有代表性的技术：一是以苹果推出IOS智能手机操作系统为标志，开启了移动互联网时代。2012年全球移动互联网用户首次超过固定上网用户，2013年智能手机出货量首次超过功能手机。二是云计算技术日渐成熟，基于云平台的新应用、新业态不断涌现。越来越多的互联网初创企业将云服务作为首选的IT基础设施，政府部门也在探索利用云服务开展电子政务建

---

① 本文发表在《管理世界》2015年第7期，《新华文摘》2015年第23期转载。

设。三是大数据技术进入实际应用阶段。大数据技术具有强大的非结构化数据分析处理能力，能够有效整合多类数据源，处理超大体量、结构多样、时效性强的数据，应用于精准匹配、优化业务流程、辅助决策等多个场景。美国提出工业互联网、德国提出工业4.0，大数据都是关键要素。

近年来，我国互联网快速普及，为互联网金融的兴起提供了庞大而坚实的网络、终端、用户和应用基础。2014年移动互联网用户达到8.8亿人。腾讯云开放平台的创业者达500万人。百度、阿里等公司的大数据服务器集群达5000～10000台，数据存储能力达200～1000拍字节（PB，1PB＝1024TB）。

在上述背景下，互联网作为泛在性、通用性、开放性的基础设施，与金融相融合，产生了有别于传统金融的互联网金融。主要特征：一是更好的用户体验。如同傻瓜相机一样，互联网金融产品界面直观，操作简便，时延短，成功率高。比如，2014年11月11日（"双十一"），支付宝成功支付2.78亿笔，最高每分钟285万笔，每单平均支付时间为5秒，远低于网银平均1分钟的支付时间，支付成功率达99.9%。二是后向收费。一些互联网金融服务并非从每笔业务中获利，而是通过免费服务积累用户资源，赚取广告费和增值服务费。业界有个形象的说法，"羊毛出在狼身上"。三是规模效应。依托庞大的互联网用户群体以及社交网络的口口相传，迅速打开市场。如余额宝推出半年，就吸引了8000万用户，跃居国内第一大货币市场基金。四是长尾效应。互联网金融能够更加贴近用户需求，边际成本低，使过去无人问津的小众、零散、个性化的金融业务有利可图。这些特性使得互联网金融具有了传统金融难以比拟的优势，包括服务便捷、匹配精准、成本低廉等。

2. 电子商务的快速兴起，催生了互联网金融

互联网金融可以说是应运而生，这个"运"就是电子商务。我国虽然在20世纪90年代就有了电子商务，但进入21世纪以来才出现了快速发展的契机。一是"非典"打乱了正常的交易和商务活动，非接触的网络交易受到青睐。二是国际金融危机对我国出口造成严重冲击，很多企业被迫开拓国内市场，电子商务迎来新的发展黄金期。2013年我国超过美国成为全球第一大网络零售市场。

网络支付作为互联网金融的最早形态，与电子商务发展的轨迹高度吻合。电子商务发展初期，尽管已经存在网络银行、第三方支付等形式，但

跨行、小额使用不便利，往往通过银行汇款、邮局汇款解决支付问题。这种支付方式对于 B2B（企业之间）大额交易不算太麻烦，但对于 B2C（企业与个人之间）、C2C（个人之间）等单笔只有几十元的小额交易很不便利，每笔手续费最少也有 5 元，还要付出交通、排队等大量的时间成本。更重要的是，付款后收不到货、收假货、货不对板等问题频繁发生，网络诚信缺失一度成为制约电子商务发展的最大瓶颈。网络支付正是在这样的背景下倒逼而生的。2004 年 10 月，阿里巴巴推出支付宝，给淘宝平台交易的飞跃式发展插上了翅膀。支付宝作为第三方交易平台，实际上扮演了中间人角色，有效解决了支付、信用以及产品质量纠纷问题。此后，快钱、银联在线、汇付天下等网络支付机构如雨后春笋般大量涌现。

除网络支付外，电子商务还派生了融资、理财等互联网金融产品。比如，阿里小贷基于支付宝积累的交易数据，建立客户授信体系，给网商提供了周转资金等信用贷款。再如，推出余额宝的初衷，很大程度上是为了打通支付宝沉淀资金的投资渠道。在此之前，支付宝的沉淀资金已达上百亿元，按照央行对第三方支付机构的监管规定，需要提交备付金10%以上的利息作为风险准备金。余额宝受到追捧，还与其转账、支付、理财等在内的综合功能和高收益率有关。苏宁、京东、唯品会、华夏信融等互联网供应链金融，也是建立在电子商务基础之上的。

3. 传统金融服务与社会投融资需求之间的空档，为互联网金融提供了成长空间

从融资看，大企业、国有企业无论从银行贷款还是上市、发债融资，都比较容易，并不差钱；而针对量大面广的小微企业、"三农"等薄弱环节的金融产品和服务十分短缺，融资难、融资贵问题依然突出。从投资看，股票、债券等市场规模有限，老百姓手中的余钱找不到合适的投资理财渠道和产品，尤其是缺乏零散、低门槛的理财服务，银行储蓄存款仍是不得已的选择。从金融服务覆盖面看，发达地区特别是大中城市金融网点密集，竞争激烈，而一些偏远农村特别是山区网点少，服务种类单一，大多只有简单的存取款服务，甚至还有空白。

互联网金融凭借其特有的"草根"性以及低门槛、小品种、个性化的金融服务，恰恰弥补了传统金融服务的不足。比如，P2P 网络借贷通过在线信用分析、在线运营与第三方担保结合、线上线下结合等方式，突破了传统的地缘、人缘等熟人社会的限制，实现了陌生人之间的资金供需对接。

再如，余额宝具有鲜明的普惠特征，1 元就能起投，而银行销售的货币市场基金一般 5 万元起步。可以说，与传统金融的"西装革履"不同，互联网金融穿的是"便装"，融入寻常百姓特别是年轻一代日常生活的方方面面。

4. 监管滞后甚至空白，使民间资本找到了进入金融业的快捷通道

互联网本身就是一个技术和业务创新异常活跃的领域，世界各国均面临如何有效监管互联网的难题。互联网金融普遍跨界经营，监管难度更大。目前，我国只对出现较早、规模较大的第三方支付业务实行牌照管理。除此之外，对于 P2P 网络借贷、网络小额贷款、众筹融资等业务，既没有准入门槛，也没有资本金要求。对于余额宝等网络理财产品，监管标准和要求也低于证券基金公司、银行发行的理财产品。正是由于绝大多数互联网金融业务游走于无门槛、无标准、无监管的灰色地带，才使以互联网企业为代表的民间资本抓住了这一时机，凭借网络和业务创新优势，迅速成长为金融领域的新生力量。

还要看到，互联网金融自出现以来就争议不断，市场普遍预期政府将很快出台监管措施，抢座卡位的"末班车效应"比较明显。据网贷之家统计，2014 年 P2P 公司新增 1157 家，是 2013 年的 3.2 倍。腾讯的滴滴打车和阿里巴巴的快的打车曾投入 15 亿元，补贴出租车司机和乘客，其目的就是积累更多的用户资源，打造更具客户黏性的"杀手级"全业务平台。

二、缓解信息不对称的一把"钥匙"

透过现象看本质，互联网和金融都有助于缓解信息不对称，互联网金融作为两者融合的产物，在这方面潜力更大。伴随着利率市场化等金融改革的推进和监管不断完善，互联网金融"钻政策空子"的套利空间大大压缩，而基于互联网技术的信息处理能力将不断提升。互联网金融的生命力正在于此。

1. 各种互联网金融模式的创新，实质是运用技术手段缓解信息不对称的探索

互联网支付整合资金流（银行）、信息流（交易订单）和物流订单（物流公司），成功地解决了电子商务交易信用中介担保问题。比如，支付宝第三方担保交易模式通过支付机构预先归集买方支付的货款，待收货确认后，再将资金转入卖方账户。更重要的是，互联网支付作为 P2P、众筹、理财等

其他互联网金融业态以及公共事业等领域服务的资金支付渠道，留存了大量的交易信息，在解决信息不对称方面还有很大潜力可挖。

网络小额贷款运用电子商务交易数据，实现了网上商户和消费者信用贷款。比如，阿里小贷运用从淘宝、天猫、支付宝等一系列平台获取的数据，包括卖家会员的交易量、活跃度、用户满意度、库存、现金流等数据，为他们提供无抵押、低门槛、快速便捷的融资服务。京东白条基于消费者的购物记录提供无担保的纯信用贷款，平均单笔额度1.5万元，消费者可以在3~24个月内分期还款。

P2P网络贷款基于客户信息居间撮合，促进了资金供需双方直接对接。比如，采取在线运营加第三方担保模式的陆金所，放贷人通过P2P平台获取借款人信息，签订借款合同，担保公司对本金、利息担保并进行风险审核。再如，人人贷采取线上线下结合模式，通过线下发展贷款用户、实地考察、委托线下公司进行信用评级，再将贷款信息发布在P2P平台上，供放贷人投资选择。

众筹通过项目筛选和信息披露，为初创企业提供了融资支持。众筹企业一般要求筹资人提供详细的项目内容、进展安排、筹资金额和期限、对投资者的回报以及必要的风险提示等信息，由平台审核、筛选上线，有的还为筹资人和投资人提供交流互动的机会，投资人选择投资项目并获得股权收益、实物等回报。2011年7月至2015年5月，点名时间收到13000多个创业提案，其中发布1500多个，筹资成功率43%。

"金融超市"通过整合金融产品信息和搜索服务，为投资理财提供专业化咨询服务。互联网理财产品种类繁多、五花八门，一般投资者很难甄选。"金融超市"运用爬虫技术对线上线下所有在售金融产品信息进行遍历，建立结构化的金融产品数据库，为用户选择理财产品提供便捷的搜索查询服务。比如，融360网站为用户提供搜索的各种理财产品有上千种，其中仅网贷投资产品就有1万多款。

2. 未来互联网技术创新步伐依然很快，应用更加广泛，缓解信息不对称的功能和作用会越来越强大

从技术发展趋势看，网络传输、数据存储、信息处理能力继续呈指数增长态势。在宽带接入方面，用户家庭固定宽带接入速率正由每秒十兆比特（10Mbit/s）、百兆比特进入每秒千兆比特时代。新一代宽带无线基础设施向大规模、广覆盖、高速率演进升级，中国即将建成全球最大的4G网

络，5G 技术研发也在加快推进。在光通信方面，单波长传输速率呈现 5 ~ 7 年换代演进的规律。2014 年 100G 系统已经规模部署，400G 产业快速成熟，预计 2017 年投入商业应用。在存储方面，随着芯片工艺特别是纳米技术的引入、单位存储密度的提升以及复合新材料的使用，未来储存能力还会大幅提升。新型存储器每立方厘米存储容量可达 10 太字节（TB，$1TB = 1024GB$），相当于半个国家图书馆的藏书量，信息永久存储也将成为现实。在计算方面，未来计算机处理芯片（CPU）、软件将继续遵循"摩尔定律"、"安迪—比尔定律"，每 18 个月计算机性能翻番，价格减半，软件也会相应升级。移动互联网产业迭代周期由个人计算机（PC）的 18 个月缩减至 6 个月。随着量子计算、生物计算、人工智能等颠覆性技术的发展，计算机的处理能力将呈几何级倍增。

从技术应用看，互联网与经济社会各领域深度融合是大势所趋，数据来源会越来越广泛。随着移动互联网、物联网、车联网、智慧城市、智能家居等新技术的广泛渗透，联网对象从人到物、从物到物，联网终端数量从十亿级向百亿、千亿级进军，覆盖的领域将大大扩展，来自经济社会运行、居民生产生活、政府公共管理等方面的数据都将被感知、收集、存储和应用起来。不断积聚的海量数据以文字、图片、视频等不同方式，从各个维度为消除信息不对称提供了广阔的数据来源。

从信息溯源看，引入国际互联网协议第 6 版（IPv6 协议），为网络服务提供者以及接入网络的各类终端提供了极为充足的地址资源。一是网络地址空前扩展。IPv6 协议地址是 IPv4 的 10^{29} 倍，IP 地址与用户可以一一对应，做到"人过留名、雁过留声"。二是支持更多服务类型。IPv6 协议加入了身份验证、数据完整性和保密性选项，安全性更有保障。三是溯源方式更加丰富。除了依靠 IP 地址溯源，还可以运用大数据技术，结合硬件标识位址（MAC 地址），进行用户行为分析和关联比对。

从正在推行的管理制度看，网络环境会更加透明规范。包括从信息监测过滤、源头清理、实名制等方面，加强网络环境治理。随着这些措施的实施，对网站和用户行为的约束会更加严格。

3. 进一步缓解信息不对称面临的障碍

数据是信息的载体。从根本上说，互联网金融靠的是数据。进一步缓解信息不对称，激发互联网金融的活力，必须做好数据开放共享的文章。这是一道亟待突破的"坎"。

第一，商业数据产权界定缺失。早在1996年，欧盟就专门发布《欧盟数据库指令》，明确"数据库制作者权"保护规则。1999年，新加坡将著作权扩展到网络著作权，保护"任何形式的编纂物"的著作权。在这方面，我国尚无统一界定。其中，对构成著作权的商业数据，通过《著作权法》进行保护；对不构成著作权但构成商业秘密的商业数据，通过《反不正当竞争法》进行保护。但对除此之外的其他商业数据，在产权界定上尚无专门制度，主要靠援引相关法律原则来解决争议。随着大数据技术的普及，数据交易、数据挖掘会更为深入，这个问题也更加凸显。

第二，数据标准不统一。互联网业务类型繁多，从业主体庞杂，收集的数据五花八门，在数据结构、文件格式、界面标准等方面存在诸多不一致，数据难以流转、兼容和共享。

第三，公共数据不够开放。据统计，全社会约80%的公共数据掌握在政府部门和公共企事业单位手中，这些来源权威、代价高昂、可信度高的数据向社会开放严重不足。不同部门和地方的信息系统自建自管自用，各自为政，长期积累的业务数据独家垄断，公共数据封闭分割，开放范围小，收费高，获取难度大。

三、火爆背后的风险与隐忧

互联网金融之所以备受关注，不仅在于其令人眼前一亮的表现，还在于对其安全性的担忧。互联网金融是一把"双刃剑"，在带来便利和效率的同时，既有金融业固有的风险，也有与新技术伴生的安全隐患。

1. 互联网与金融都属于高风险行业，两者联姻形成风险叠加

互联网本身就是一个开放、虚拟、跨界的平台，一点接入全网皆通，风险扩散快、波及面广。我国作为一个发展中国家，无论是核心器件、应用软件，还是域名、互联网协议地址（IP）、根域名解析服务器等关键资源和基础设施，都先天不足，网络安全形势严峻。一是网络攻击猖獗。各种病毒、木马不断翻新演化，篡改网站、攻击服务器等案件持续激增。二是网络诈骗高发。百度安全中心数据显示，2014年该中心扫描到1.45亿个虚假金融网址。三是网络防护脆弱。互联网金融企业大多规模小，安全防护投入严重不足，技术人才匮乏，秘钥管理不到位，相当多的互联网金融企业没有灾备。上述风险隐患直接移植到互联网金融，很容易造成系统瘫痪、

信息泄露和财产损失。

我国互联网金融还处于起步阶段和探索期，又"网来网去"，难免鱼龙混杂，出现非法集资、流动性不足、违规经营等风险隐患。比如，目前办一个 P2P 网站成本很低，在淘宝网几十元就可以买到 P2P 模板，这为一些不法分子披着"高科技的外衣"从事非法集资提供了便利。基于互联网的货币市场基金变现期限短，甚至可以实时消费和变现，一旦形势逆转就可能出现大规模变现或挤提。一些 P2P 平台脱离居间服务的定位和宗旨，搞了"类证券"、"类期货"杠杆业务。大部分 P2P 平台采取第三方担保模式，且担保的倍数远超过 10 倍的法定警戒线。

随着云计算、大数据等技术的进步和普及，互联网金融的风险隐患还会有增无减。在云计算方面：一是金融数据由内部存储、隔离防护和加密，转由云计算服务商托管，通过共享虚拟机进行逻辑隔离，很容易被"内贼"窃密。二是云计算平台界面开放、资源共享，单体风险很容易演化为系统性风险，"火烧连营"。三是存储资源反复使用和再分配，数据擦除可能不彻底，新用户可以通过还原窃取原用户数据。在大数据方面：由于数据开放程度不断提高，数据比对、关联性分析能力越来越强大，使原本加密、匿名化处理的用户信息可能被提炼和萃取，保密难度更大。

2. 互联网金融高度依赖数据挖掘和利用，加大了个人信息泄露风险

数据是互联网金融的核心资源。如何解决海量数据处理与个人信息保护的天然冲突，是一个两难选择。我国对个人信息保护的主要依据是：2012年 12 月全国人大常委会通过的《关于加强网络信息保护的决定》，2013 年7 月工业和信息化部发布的《电信和互联网用户个人信息保护规定》。这些规定或者过于原则，或者惩罚措施不够严厉，还没有形成尊重隐私、保护个人信息的制度和氛围。而美欧等发达国家在这方面相当严格。如美国通过《宪法》第四修正案、《隐私权法》、《电子通信隐私法》和判例，将隐私权上升为宪法权利，并制定了完善的保护规则。欧盟 1995 年就通过了《个人数据保护指令》。

从目前互联网金融使用的数据看，涉及的个人信息十分广泛，包括个人身份、信用、财产、上网行为、消费记录等信息，在信息收集、交易、存储等各个环节都存在不少泄露和滥用风险。一是过度收集用户个人信息。如 2014 年 3 月携程网未经用户同意，收集用户银行卡卡号、信用卡 3 位数安全码（CVV 码）及 6 位数银行标识代码（BIN 码），导致大量用户解绑银

行卡。二是非法交易海量用户信息。如2010年支付宝前员工将20吉字节（GigaByte）用户资料有偿出售给其他电商公司和数据公司，涉及上千万用户的姓名、手机、邮箱、住址、消费记录等个人信息。三是信息保护不到位。以P2P平台为例，建立信息保护制度的企业占比不到1%，大量中小P2P平台成为黑客攻击的重灾区。四是个人信息识别难度大幅降低。利用云计算、大数据技术可以大规模"扫号"，暴力破解用户账号和密码，进而通过数据库关联性分析和交叉验证"撞库"，掌握用户在不同网站的账号和密码。

从未来发展趋势看，互联网金融企业为了提高竞争优势，会充分运用更加先进的技术手段，精确识别用户身份和偏好，精准营销，个人信息保护面临的挑战越来越大。

3. 互联网金融普遍跨界经营，监管难度较大

与传统金融不同的是，互联网金融基于开放的平台，产品和业务创新层出不穷，没有经营范围、地域等制约。一是混业经营。目前，互联网金融企业涉足多种金融业务已是常态。比如，蚂蚁金服的业务种类包括第三方支付、信贷、理财、保险、信托投资等，并准备开展征信、清算业务。二是跨地区经营。互联网金融企业注册地集中在北京、上海、杭州、深圳等地，服务范围却覆盖全国各地。比如，蚂蚁金服注册地在杭州，余额宝的浙江用户仅占6.7%。三是跨境经营。目前已有一些互联网金融企业开展跨境支付服务，如国际版支付宝（Escrow）、快钱、财付通等。美国Ripple Labs在大中华区的总代理——北京锐波公司，通过开发基于互联网的去中心化清算结算协议，撮合不同国别付款人和收款人之间的支付信息，实现了任意币种包括比特币之间的便利、就近、低成本清算。

我国实行的是分业监管体制，如果按照现有的框架监管互联网金融，可能面临一系列挑战。比如，如何在各种不断创新的业务和产品之间建立风险防火墙，如何解决异地监管面临的职责划分、信息获取、调查取证、整改落实等难题，如何防范跨国洗钱、热钱大进大出等问题，如何提高身份认证、主体溯源的可靠性和网站接入备案的准确性等。

4. 如同互联网赢者通吃、强者恒强一样，互联网金融也容易形成垄断

网上竞争"只有第一第二，没有第三第四"。互联网龙头企业凭借技术、资金、人才等优势，很容易自我强化，迅速做大，其他企业很难再找到发展甚至生存的空间。从我国互联网企业发展现状看，在搜索引擎、电

子商务、实时通信、杀毒软件等领域，已经形成寡头垄断的格局。

　　互联网金融虽然有着很强的"草根性"，但也很难跳出网络发展的规律，可能会经过大浪淘沙，形成一些巨头。目前，第三方支付、互联网理财已出现这个趋势。艾瑞咨询统计数据显示，2014 年支付宝占第三方互联网支付市场的 49.6%。据中国证券投资基金业协会统计，2014 年余额宝占货币市场基金的 27.7%。尽管这种现象还没有引起各方面关注，但其负面影响不可忽视，可能会出现强制搭售、垄断定价等滥用市场支配地位的行为，抑制竞争和创新，不利于互联网金融健康发展。

　　5. 互联网金融平台兼具媒体属性，对金融风险产生放大效应

　　互联网金融业务虽然规模还很小，却在短短两年成为各界高度关注的热点。其背后的一个重要原因在于，互联网本身就是实时、互动、无边界的媒体，传播方式具有自组织、无中心、多方向等特点，互联网金融的用户大多是"80 后"、"90 后""数字原住民"，处理和传播的内容又是海量数据。这就使互联网金融的风险极易扩散和发酵，稍有风吹草动，就可能掀起轩然大波，引发群体性恐慌，甚至造成系统性风险。

　　需要注意的是，一些互联网金融企业利用网络传播特点，故意造势，吸引眼球。常用手法包括：一是制造热点。比如，2012 年以来，互联网理财网站金玉恒通以年化利率 45% 的高收益作为幌子大肆宣传，在全国各地吸引了大批投资者，实际上是借新还旧的庞氏骗局。二是夸大收益。2013年 6 月余额宝推出后，不少类似的理财产品号称年化收益率超过 8%，实际上真正达到的微乎其微。三是虚假交易。P2P 网络贷款平台优易贷通过秒标虚增交易量，并承诺 18% ~ 24% 的年利率，造成虚假繁荣，误导投资人，骗取近 2000 万元资金后跑路。

四、因势利导，趋利避害，更好发挥互联网金融的作用

　　总的看，当前互联网金融仍处于发育、成长乃至试错的阶段，未来走向还有待观察，但其积极意义已经显现。包括：基于草根特征和缝隙市场，弥补正规金融服务的不足，倒逼金融改革，助推电子商务等新兴业态发展等。促进互联网金融这一新生事物健康发展，既要尊重市场选择，鼓励探索创新，又要纳入金融监管，守住风险底线。正如麦子和稗子在抽穗前难

以分辨一样，现阶段应给予互联网金融足够的宽容，监管措施宜粗不宜细，看不准的事宁可不为，也不能乱为。为此，应坚持问题导向，有什么问题就解决什么问题，着力破除不必要的障碍，营造良好环境。

1. 充分发挥互联网金融的长尾优势，着力开展小微投融资等普惠服务

长期以来，我们在解决小微企业、"三农"等薄弱环节融资难融资贵方面下了很大功夫，但效果并不理想。然而，"无心插柳柳成荫"，互联网金融借助技术的力量，拓宽了小额、零散、个性化投融资服务的渠道，形成了有别于传统金融的长尾优势。在支持小微企业方面，互联网金融仍有很大潜力可挖。基于此，应明确互联网金融专注小微的定位，给予一定的政策支持。一是坚持适度监管，实行负面清单管理。重点是围绕防范系统性风险、保护消费者权益，划出不准碰的"红线"，如非法集资、资金池、洗钱等。对互联网金融企业的风险，给予一定的容忍度，不去急于规范。二是积极考虑互联网金融企业的诉求，放宽不必要的限制。比如，允许 P2P 网贷平台接入央行征信系统，允许互联网金融企业尝试开展清算业务等。三是参照农信社等主要服务小微企业和"三农"的金融机构，给予同样的财税等优惠政策。

2. 探索开展数据交易，促进信息共享

当前，数据交易正在成为新的潮流。2007 年，美国率先建立世界上第一个数据交易市场——美国结构数据有限公司（Factual.com），以开放数据界面（API）和公共下载等方式，提供地理、娱乐、教育、医疗等数据在线交易服务。2009 年，美国大数据初创公司 InfoChimps 成立。2010 年美国微软公司设立 Datamarket、Azure 两个数据交易平台。2012 年，日本建立东北医学巨型数据银行，收集居民健康数据用于医学研究。我国也开始尝试数据交易。比如，2014 年北京率先成立中关村大数据交易产业联盟，中国互联网优质受众营销联盟（UMA）建立旨在推动数据中间交易的大数据平台（DMP）。

与土地、矿产等其他要素市场一样，数据交易有利于提高资源配置效率，促进信息共享，也将为互联网金融创造新的发展机遇。应鼓励设立各种形式的数据交易平台，探索建立数据确权、保护、估值、定价等制度，运用市场机制促进数据流动、共享和开发利用，实现数据价值最大化。

同时，建立数据分类管理制度，从法律上划清公共数据、商业数据和个人信息的边界，公共数据免费开放，商业数据有偿使用，个人信息未经

本人许可不得交易，更不得泄露。

3. 加强互联网金融技术研发，培养复合型人才

与传统金融机构一样，互联网金融也存在过度依赖国外技术的问题。比如，大部分 P2P 平台使用美国 Lending Club、Prosper 和英国 Zopa 的模板，第三方支付和大型 P2P 平台使用美国 PayPal、ING – Direct 的风控技术。从现在起，就要高度重视互联网金融技术研发问题，要求互联网金融企业加大投入，提高技术和安全防护等级，着力研发网站模板、风险防控、信用验证等技术，为互联网金融健康发展提供技术保障。目前，无论是互联网金融企业还是监管部门，都缺乏既懂互联网又懂金融的人才。应通过开设互联网金融学科、从业人员培训、促进人才流动、从国外引进等多种方式，造就一支高素质的互联网金融人才队伍。

4. 运用互联网这个开放共享的平台，推进互联网金融监管创新

大量事实表明，技术创新往往能解决许多管理上的难题。比如，交通监控系统有效治理了违章问题，电子政务对于提高行政效能、减少权力寻租发挥了积极作用等。互联网金融的业务流程毕竟在网上，从平台的运营到用户的信息和行为，从申请、撮合、交易到支付等所有环节，都是留痕的、可追溯的。解决互联网金融混业经营与分业监管之间的矛盾，除了在现有框架下明确各部门职责，加强监管协调，还应借助互联网平台，整合各方面监管力量，攥成一个拳头。从互联网金融企业的准入和退出看，网站备案与网络接入是最关键的一环，也是最有效的手段。在制定备案的细则时，应明确金融管理部门业务备案在先，互联网行业主管部门网站备案在后，将这个规定写入正在修改的《互联网信息服务管理办法》。从事中监测看，目前对互联网金融企业还是空白。鉴于互联网金融涉及公众利益，风险大，应借鉴传统金融监测管理方式，研究加强对互联网金融企业日常经营行为的监测，如交易主体、交易笔数、交易规模、资金流向等。还可考虑借助第三方力量，鼓励互联网企业开展数据监测、抓取等服务。从案件查处看，也需要用好互联网平台。金融监管部门应基于互联网金融企业的网上违规行为，提出处罚要求和依据。互联网行业主管部门应做好调查取证、溯源等工作，依法取消网站备案或切断网络接入。

5. 完善制度，夯实基础

剖析 P2P 网络贷款平台倒闭、跑路等案件的成因，有自身管理不善、违规经营的因素，也与基础工作不扎实、制度缺失有关。应从互联网金融

业务流程的关键环节入手，推动建章立制，并严格执行。一是推行实名认证。在互联网金融网站备案、用户注册等环节要求实名登记，探索通过人脸识别、指纹等技术手段实施身份验证。二是规范电子合同。对 P2P 网络贷款、网络小额贷款、众筹融资等互联网金融业务的电子合同，由监管部门按照分工审查备案，及时发现和纠正可能侵犯用户合法权益的条款。三是明确数据保留义务。要求互联网金融企业记录业务及交易信息，并参照传统金融机构的保留期限留存电子数据，以备查验。四是加大执法力度。对于滥用市场支配地位、违规经营、虚假宣传等行为，要严格执法，加大处罚力度，维护市场秩序，促进公平竞争。

6. 从实际出发，科学指导互联网金融发展

近年来，一些地方出现脱离实际、盲目发展互联网金融的现象。有的地方圈占大量土地，搞互联网金融园区、产业基地；有的从北京等地招商引资，拉互联网金融龙头企业到当地设立分支机构；有的地方和机构还热衷于炒作造势，举办了一些缺少实质内容的互联网金融论坛；等等。这表明，一些地方特别是领导干部对互联网金融发展规律的认识还有误区，仍沿用抓工业的方式来发展互联网金融。为此，应将互联网金融列入干部教育培训内容，普及互联网金融常识，不断探索并遵循互联网金融发展规律，深入研究解决互联网金融发展中出现的新情况、新问题。支持各地因地制宜发展互联网金融，防止盲目攀比、乱铺摊子，造成重复建设和资源浪费。

附录5　抓紧把互联网金融行业组织搞起来

李继尊

从近期暴露的一些互联网金融平台倒闭以及从事非法集资等案件看，我国互联网金融总体上仍处于摸索乃至试错的发展阶段，对此既"不能一棍子打死"，也不能放任自流。建议在纳入金融监管的同时，培育各种形式的互联网金融行业协会，充分发挥行业组织贴近市场、管理灵活、自我约束的作用。

一、现状与问题

国内第一家互联网金融行业组织是 2012 年 12 月 20 日成立的上海网络信贷服务业企业联盟。此后，又陆续成立了六七家。这些行业组织主要有两类：一类为官办行业协会。主要是由地方政府或行业主管部门推动、民政部门注册的行业协会。比如，中关村互联网金融行业协会由北京市中关村管委会主管，上海网络信贷服务业企业联盟由上海市经信委主管，北京市网贷行业协会由北京市金融工作局主管。还有一些行业组织是现有国家级行业协会下属的专业委员会，如工信部主管的中国互联网协会互联网金融工作委员会，人民银行主管的中国支付清算协会互联网金融专业委员会。一类为民办行业协会。如互联网金融千人会，它是由 25 家互联网金融企业发起、在北京市工商局注册的企业法人，目前已有 2000 多个企业和个人会员、20 多个地方分会。主要通过 5 名核心会员推荐及 3 层筛选发展会员，采取微信群早餐会、线下研讨会和论坛、企业实地考察等方式，开展信息交流、课题研究和业务培训。从调研了解的情况看，这些行业组织实际运转中还存在一些问题和困难。

附表 5　我国互联网金融行业组织简况

单位：家

名称	成立时间	所在地	注册部门	主管部门	会员单位	首批发起单位
上海网络信贷服务业企业联盟	2012 年 12 月 20 日	上海	上海市民政局	上海经信委	20	10
互联网金融千人会	2013 年 7 月 4 日	北京	北京市工商局	—	2000	25
中关村互联网金融行业协会	2013 年 8 月 9 日	北京	北京市民政局	中关村管委会	59	16
中国互联网协会互联网金融工作委员会	2013 年 8 月 13 日	北京	民政部	工信部	100	25
中国支付清算协会互联网金融专业委员会	2013 年 12 月 3 日	北京	民政部	人民银行	94	27
广东互联网金融协会	2014 年 1 月 24 日	广州	广东省民政厅	—	32	19

名称	成立时间	所在地	注册部门	主管部门	会员单位	首批发起单位
北京市网贷行业协会	2014 年 12 月 16 日	北京	北京市民政局	北京市金融工作局	30	30
江苏省互联网金融协会	2014 年 12 月 16 日	南京	江苏省民政厅	江苏省金融办	50	50

（1）官办协会开展活动少。这类协会的人员由主管部门安排，任务由主管部门委托，行政色彩浓厚，被动应付的事务多，主动开展的工作少，考虑上级主管部门意图多，考虑企业需求少。

（2）专职人员和经费来源不足。现有互联网金融行业协会专职人员都比较少。如互联网金融千人会有专职人员 7 人，与计划配置的人员相差 8 人；中国支付清算协会互联网金融专业委员会编制 14 人，实有专职人员 3 人、兼职人员 1 人。经费来源以收取会费为主，只有 1 家协会经费有保障，其他协会筹集经费均有困难。按照有关规定，二级协会不得收取会费，有的协会通过发展新会员、借助关联企业向每个企业会员收取 5 万～20 万元会费。

（3）对企业会员缺乏约束力。现有互联网金融行业组织中，只有上海网络信贷服务业企业联盟出台了行业自律准则和准入标准。即便如此，对违规行为的处罚只是取消会员资格和向社会公开，没有威慑力，起不到惩戒作用。

（4）部分企业盲目参加各类协会。一些互联网金融企业"见会就加"，有的企业反复参加各类协会。非法互联网金融协会也借机牟利，如未经任何部门注册的中国互联网金融行业协会吸收了 471 家会员企业。产生这种现象的原因：一是互联网金融企业希望协会为其背书；二是通过参加协会，获得更多信息和业务；三是提高知名度。

（5）核心会员谋求垄断地位。目前的互联网金融行业组织都设有会长单位，会长单位缴纳的会费多，对协会的干预较大。会长单位普遍负责管理协会日常事务，很容易利用其地位，谋求行业垄断和市场份额。

二、国际经验

英美最早出现互联网金融，成立的行业组织也早于我国。2011 年 8 月，英国成立全球首家 P2P 行业协会（Peer－to－Peer Finance Association，P2PFA）。这个协会由 Zopa、RateSetter 和 Funding Circle 发起，截至 2015 年 9 月底，拥有会员单位 9 家，出借人 22.5 万人。协会成立以来，会员单位累计发放贷款 37 亿英镑，占英国 P2P 市场 90% 以上的份额。2012 年 12 月，英国众筹行业协会（The UK Crowdfunding Association，UKCA）由 14 家众筹企业发起成立。该协会分别在英格兰和苏格兰注册，按照公司模式运营，截至 2015 年 9 月底，会员单位发展到 35 家。美国的众筹行业组织是 2007 年 7 月成立的美国金融业监管局（Financial Industry Regulatory Authority，FINRA），由美国证券交易商协会（NASD）与纽约证券交易所（NYSE）的会员监管、执行和仲裁部门合并而成，接受美国证券交易委员会（SEC）的监管。美国政府规定，从事证券业务若没有其他监管机构监管，则需加入美国金融业监管局，接受其监管。这些行业组织的主要特点：

（1）行业自律先于监管。英国 P2P 发展初期，没有相关监管措施，而是由英国 P2P 协会自我管理。2014 年 3 月，英国金融行为监管局（FCA）才出台《关于网络众筹和通过其他方式发行不易变现证券的监管规则》，对包括 P2P 在内的互联网金融业务进行监管。2009 年 4 月，美国金融业监管局开始对众筹平台进行自律监管。2012 年 4 月，美国政府出台《促进创业企业融资法案》（Jumpstart Our Business Startups Act，JOBS），才对众筹业务依法监管。

（2）拥有一定的管理职能。英美互联网金融行业组织的管理职能主要有两个来源：一是政府主导成立协会并直接授权。比如，美国金融业监管局是由国会授权的行业组织，拥有对行业内触犯法律法规的企业和个人处以罚款、暂停执照、吊销执照、取消从业资格的权力。二是先成立协会，再通过与政府合作获取授权。比如，英国 P2P 行业协会成立后，主动申请对其监管。英国政府要求 P2P 企业除了遵守法律，还要遵守 P2P 行业协会的要求。

（3）制定行业自律标准。英美互联网金融行业组织都制定了自律准则。比如，英国 P2P 行业协会制定的《P2P 平台运营指导原则》，英国众筹协会制定的《众筹企业业务守则》。这些自律标准都为英美互联网金融立法提供了重要依据。

附表6　英国P2P行业协会P2P平台运营指导原则

项　目	内　　容
高级管理层	公司的董事成员必须有一位以上符合金融服务管理局（FSA）规定的认可代理人
最低运营资本	公司最低运营资本取2万英镑和3个月运营费用两者的较高值，并需在每年公司财政年度结束的28天之内上报给协会。此外，协会将安排有良好信誉的会计公司对成员公司审计、查账
客户资金分离	公司必须将客户资金与自营资金分离，存放在单独的银行账户里，该资金账户每年进行外部审计
信用风险管理	公司必须用谨慎稳健的政策来管理信用风险，并确保借款者只能在还款能力内借款，成员公司必须向相关部门报告其采用的信用管理政策
反洗钱和反诈骗要求	公司要遵循国家反洗钱和反诈骗政策，建议每位成员加入反洗钱协会（CIFA）和反欺诈服务协会（推荐但并不做硬性要求）
网络平台管理法规	①公司必须在其网站的"合同条款"中清晰注明14类信息。②公司自身可以成为投资者，但需要向公众公布投资信息，公司自身不能成为借款者。③成员公司要公开透明预测贷款违约率，当贷款被定为逾期或违约时要随时向用户汇报资金追回情况。④公司要公开投资人的回报率、贷款违约率和逾期贷款情况。⑤在审核借款人信用状况时，公司只能向个人信用评分公司申请"表面"（Soft）浏览（根据英国个人信用评分规定，被过多的浏览信用状况会降低个人信用评分，但"表面"浏览不会）
信息披露	公司对客户就贷款的期限、风险、预期收益、手续费等信息进行正确、公平、无误导性的信息披露。公司进行的宣传需符合英国广告标准局（ASA）的相关规定
系统建设	公司必须确保IT系统安全可靠，并与经营业务的规模、复杂性相称
投诉管理	公司应有明确的投诉处理政策，使客户的投诉可以得到有效、及时解决。公司应将告知客户相应的投诉处理政策，并告知客户有权向第三方机构如财务顾问服务（FOS）进行投诉。公司需将投诉进行记录，以方便将来解决相关问题
破产安排	公司需提前对可能的破产情况进行安排，以保证公司停止运营后，借贷合同仍有效且可以得到有序的管理

资料来源：英国P2P行业协会网站。

（4）行业组织独立运作。英美互联网金融行业组织都实行委员会制，凡是重大决策都由委员会投票决定。以英国 P2P 行业协会为例，为体现公平公正，要求每个会员只能且必须派一位代表加入委员会参与决策，协会主席由各个会员指派的代表轮流担任，每位主席任期一年，到期必须更换，第一任主席由发起单位抽签决定。这种模式使得会员单位无论规模大小都享有同等权利。美国金融业监管局理事会由公众人物（非金融从业人员）、行业领袖两部分组成，现有理事 21 人，其中包括主席 1 人，公众人物 11 人，行业领袖 9 人。协会章程明确规定公众人物数量必须多于行业从业人员，以防止损害消费者权益。

三、几点建议

1. 筹建中国互联网金融协会

在职责定位方面：建议由协会承担促进互联网金融行业发展、行业自律、政策咨询、维护权益等职能。一是由协会负责事前备案信息的真实性审查，审查通过后再由网络主管部门发放互联网信息服务业务（ICP）经营许可证，工商部门登记注册。二是负责制定产品登记、第三方资金托管、信息披露、消费者权益保护等行业规范。三是制定行业发展规划，开展互联网金融研究。四是建立金融消费者投诉平台及相关基金，维护会员和行业利益。五是联络协调区域性和民办行业组织。

在组织架构方面：设立理事会负责重大问题决策，下设互联网支付、网络借贷、股权众筹融资、互联网基金销售、互联网保险等专业委员会和相关职能部门。可考虑将现有的中国支付清算协会互联网金融专业委员会改组为中国互联网金融协会互联网支付专业委员会。

在平台建设方面：支持协会投资建设公共服务平台等基础设施，供会员租赁使用。一是业务平台，包括产品登记、资金托管、交易（投资或资金划转）、业务数据统计等。二是信息披露平台，要求会员及时向投资者公布经营、财务等信息，提示风险。三是征信平台，建立符合互联网金融特点的信用体系、客户黑名单制度，做好与现有征信系统的对接。通过这些平台，既能解决经费来源问题，也便于统计监测，还有利于降低会员企业初始投入。

在管理体制方面：按照承担特殊职能的全国性行业协会对待，由民政部门和央行双重管理，央行加强对协会的业务指导和监督。

2. 支持民办行业组织发展

互联网金融本身是自发形成的，民办行业组织带有"草根性"，在联系会员企业等方面更有优势，发挥作用的空间更大。笔者建议：一是在互联网金融立法、制定行业准入条件和发展规划等重大政策措施前，充分听取民办行业组织的意见和建议。二是支持民办行业组织搭建平台，为会员企业开拓市场提供服务。三是支持民办行业组织开展信息交流、从业人员培训等活动。

3. 因地制宜发展区域性行业组织

支持互联网金融区域性行业组织开展交流活动，落实行业规范和标准，提供面对面的服务。对本地新设互联网金融企业备案申请的真实性进行审核和现场核查，对本地备案企业进行年度核查。同时，配合有关部门打击侵权和违法犯罪行为。

附录6　实施大数据战略要两手发力[①]

李继尊

重视大数据是非常必要的。从根本上说，大数据的兴起得之于技术的进步。现在，数据传输、存储、计算能力突飞猛进，为大数据的运用提供了技术支撑。为什么过去没有发现大数据的威力？说到底还是技术问题。那时候成本太高，没有商业价值。未来，随着量子计算等颠覆性技术的发展，数据处理能力将呈几何级倍增，成本会更低。美国等发达国家几年前就将大数据上升到国家战略，国内一些企业也在踊跃开发并利用大数据。如果没价值，他们会做吗？那种大数据无用论的论调是站不住脚的。

推动大数据在各个领域的运用，必须突破数据开放共享这道"坎"。具体来说，要解决"两对矛盾"，破除"三个障碍"。"两对矛盾"：一是开放共享与权益保护的矛盾。没有权益的保护，就谈不上开放共享。现在，既有肆意买卖个人信息、侵犯隐私的问题，又有条块分割、数据垄断的问题。

---

① 本文系 2015 年 4 月 11 日在"大数据和国家治理"研讨会上的发言整理稿。

二是开放共享与信息安全的矛盾。大数据毕竟是技术创新的产物，难免伴生着风险，现在已经暴露了不少问题。"三个障碍"：一是数据产权不清晰。我国对数据产权还没有清晰的界定，有些数据是有"主"的，有些模模糊糊。只有对数据确权，有了法律上的保护，开放共享才有基础。二是数据标准不统一。数据的结构、格式、界面等五花八门，就像手机的充电器一样，各家的接口都不兼容，怎么能共享？三是公共数据不开放。各个部门、各个领域的信息系统自建自管自用，都封闭起来了，打不通。

从政策层面看，建议在"十三五"规划中写入大数据战略。实施这一战略，需要两手发力，也就是把政府和市场这两只手的作用都发挥好。就政府而言，重点是推动数据立法，想办法开放公共数据。在市场方面，最有效的手段是探索建立数据确权、保护、估值、定价等一系列制度，培育数据交易市场。只有让数据交易起来，才能更好地促进数据流动、共享和开发利用，使数据的价值最大化。这需要从法律上划清公共数据、商业数据和个人信息的边界，公共数据免费开放，商业数据有偿使用，个人信息未经许可不能交易，更不能泄露。

实施大数据战略，既是创新之举，更是涉及利益关系和体制机制调整的改革之策。我国国情复杂，各地差异大，很难一下子推开。可考虑授权一些条件比较好的地方开展试点，逐步摸索。技术的力量令人敬畏，最终要靠技术手段撬动体制的坚冰，激发市场的活力，开辟一片新天地。

附录7 论互联网对社会变革的深刻 影响及其治理[①]

李继尊

互联网的快速崛起已经成为当今世界不可阻挡的洪流，它不但极大地改变了人类的信息传播方式，而且正在深刻地改变人类的生产生活方式。目前全球互联网用户正以每年150%左右的速度呈爆炸式增长，预计2006年将达到10亿户。有人把互联网称为继报纸、广播、电视之后的"第四媒

---

① 本文发表在《商业时代》2006年第21期。

体"，但它绝非传统三大媒体在信息高速公路上的简单翻版，可能会超过传统的大众传媒成为全球最大的媒体。更有专家指出，互联网的影响可以和蒸汽机的发明相比拟，将使以制造业为中心的工业社会转化为以信息产业为中心的信息社会。中国教育和科研计算机网（CERNET）专家委员会主任、清华大学教授吴建平说："在人类发展史上，火的使用是野人与文明人的分界线，下一代互联网对我们的意义与影响，就如火的使用。"由此可见，互联网的普及和发展所引发的不仅是一场突飞猛进的信息革命，更是一场前所未有的深刻社会变革。认真研究这次深刻变革的主要特征、发展趋势和应对策略具有重要意义。

一、互联网发展的特点及影响

时空互通与知识共享是互联网最显著的特点，由此形成了真正意义上的"地球村"，并引发了信息传播方式的一系列深刻变化。

1. 传播速度更快捷

互联网传播是以光速完成的，一瞬间就可以将大量的信息传送到世界各个角落，而报纸的传播速度是以天来计算的，电话、手机等通信工具仅仅能够实现两人或少数人之间的即时传播，其信息量与互联网不可同日而语。拿美国前总统克林顿绯闻案来说，在信息上网发布的当天，全球就有2470万人阅读，这一爆炸性新闻很快传播出去。目前，世界各国正在致力开发的下一代互联网将继续朝着更快的方向发展。我国已经正式开通的CERNET比现在的网络传输速度提高1000倍以上，基础带宽可能会是40G（相当于传送10个DVD影片）以上，可提供的IP地址将从2^{32}增加到2^{128}。

2. 传播内容更广泛

人们对互联网的使用从最初简单的电子邮件、网页浏览和软件下载，发展到网上新闻时政、网络游戏、电子商务、网上购物、实时金融、远程教育、视频点播、异地办公、电视电话会议、远程医疗等各个角度、各个方面。特别是互联网和移动通信领域的快速融合大大拓展了新的发展空间，两者融合产生的新业务模式——网站短信业务已成为网站业务收入的主要来源。2003年第四季度新浪60%的收入来自短信，Tom－online更是高达80%。未来的网络将是一种宽带综合业务数字网，连通各种网络，包括信息家电，实现信息收集、传递、处理、控制的一体化，任何人在任何时间、任何地点与任何人或者物的互联将成为可能。

3. 传播渠道更开放

互联网完全打破了国界，连通了地球上任意一个可以连通的角落，事实上已经形成一个没有地域、没有国界的全球性媒体。在网上，没有"这里"和"那里"的界限，从根本上拓展了人际交往和人际关系，使整个社会更具开放性。由于技术的原因，现在没有也很难对互联网进行严格的审查，也不可能对所发布的信息进行逐一核实，人们都在一个"绝对自由"的环境下接收和传播信息，使得有用与无用的、正确与错误的、先进与落后的信息也在网上进行传播。

4. 传播手段更隐蔽

在一人一机且大多是匿名的环境下，人们的身份可以变成计算机上的一串字符，任何人都可以用不同的名字、性别、年龄与人交流而不会被觉察，传统社会熟人圈子的约束荡然无存。据统计，目前计算机犯罪大约只有1%被发现，而且这1%中，只有4%会被检控。有人说，"在网上，无人知道你是一条狗"。行为主体的相对隐蔽性，使得网上的不道德行为日益增多。根据北京五所高校的一个调查发现，有12.5%的人曾经获得他人的邮件，有9.8%的人曾经查阅黄色图片或文字，5.4%的人曾发布不健康的信息。网上犯罪也层出不穷，近几年美国黑客的非法入侵高达16万件，损失达80亿美元，而全球数字化犯罪所造成的损失更是巨大，共约150亿美元。

5. 传播主体更平等

互联网不仅改变了传播者获取信息的方式，也改变了传递和发布信息的方式，它强调大众的参与和人与人之间的互动，改变了受众的概念和关于受众的理论，使人们与传媒的对话成为可能。由于网络没有中心，没有直接的领导和管理机构，没有等级和特权，每个网民都有可能成为中心，传统的金字塔式权力结构将被"扁平化"的结构所取代。人的社会地位在网上没有任何作用，话语是否吸引人完全取决于其本身。人与人之间的联系和交往趋于平等，个体的平等意识和权利意识也进一步加强。人们可以利用网络所特有的交互功能，完全平等地交流、制造和使用各种信息资源，进行人际沟通。

二、网络虚拟世界产生的影响

与网络时代到来相伴随的是虚拟世界的快速扩展，它不仅渗透到经济、政治、文化和社会交往各个领域，更为重要的是它掀起了一次深刻的社会变革，推动了人类生存形态、人际关系乃至社会管理体制的再造。

1. 经济方面的影响

互联网的影响首先从消费环节开始，进而渗透到生产领域和管理控制的全过程，不论对产业结构调整、管理体制改革，还是对降低商务成本、提高集约化水平等，都产生了极其深刻的影响。与互联网的全面渗透相伴随，整个经济形态呈现出三个新的发展动向。

一是数字化。在网络时代，一个最深刻的转变就是财富以数字的形式存储在计算机当中，信息成为最重要的资源，物质的竞争将被信息的竞争所取代。特别是货币的数字化将导致一场经济领域的革命，人们在网上足不出户就可以转移账户、检查付款情况，这将加速货币流通的速度，从而促进经济增长和货币供应量的增加，最终建立起一套完全独立于实质资产的、抽象的全球货币供应系统。

二是直接化。农业经济是一种直接生产、直接消费的"直接经济"。工业经济是一种生产、消费各个环节分工专业化的"迂回经济"。网络经济将把工业社会迂回曲折的路径重新拉直，生产者将按照每一个消费者的特殊需要生产独特的产品，传统的企业模式和生产、经营战略将发生根本改变，产销双方的效率大大提高，整个传统商业存在的理由也大打折扣。据测算，到 2007 年互联网将使美国的生产率增加 20% ~ 40%。

三是人性化。尼葛洛庞蒂在《数字化生存》一书中强调，后信息时代的根本特征，是"真正的个人化"。未来的高智能计算机对人的了解将同人与人之间的默契不相上下。在网络时代中，人不再被物所役，而是物为人所用。与此同时，网络经济也面临着经济自主性受损、诚信缺失、安全隐患等新的问题，这从另一方面制约了网络的充分利用和经济的进一步发展。

2. 政治方面的影响

互联网在政府和民众之间架起了一条有效的沟通渠道，提高了政府处理公共事务的能力和行政运转效率，降低了管理成本，推动了政府管理模式从管治型向服务型转变。有人研究发现，网络的使用时间与人们对公共活动和公民志愿活动的参与程度呈正相关关系。据统计，仅电子政务一项，1992～1996年美国员工就减少了24万人，关闭了近2000个办公室，简化了3.1万页行政法规。但是在网络时代，网络不仅是一种信息，更是一种新的资源，一种科学技术的力量，一种强大的生产力，一种重要的政治资源和政治影响力，网络正在成为政治的"中枢神经"。网络民主更具直接性、平等性和快速性，网络政治最容易受到全世界的影响，网络空间对抗与争夺成为没有硝烟的战场。特别是有三个动向值得关注。

一是政治渗透。当代网络世界信息交流极不平衡，网络技术已被美国用作政治领域内斗争的一个主要武器，他们利用科技手段从他国窃取政治资料和经济资料，此时网民们无意中成为他们的情报源。

二是政治异化。1999年5月举国上下一致声讨美国轰炸中国驻南联盟大使馆时，一个中国大学生却振振有词"中国是活该的"，他说中国大使馆针对美国实施了一系列破坏活动，当被问及其信息来源时，答曰"Inter网上"。美国政治势力正是通过网络渠道帮助其政治信息大行其道，由此可见一斑。

三是政治激进。一些政治势力利用网络进行煽动，出现了网上声明、网上集会、网上签名和网上绝食等现象，法轮功等邪教组织就充分利用网络扩大他们的势力，其影响之大、之快、之难以控制，不可低估。谁拥有了网络，谁就掌握了未来政治的主动权。

3. 文化方面的影响

互联网催生了新的文化形态，网络影视、网络动画、网络文学等日益受到欢迎，网络游戏已经成为这一新兴文化形态相对成熟的代表。中国互联网络信息中心第14次调查结果显示，虽然有42.3%的网民将获取信息作为上网最主要的目的，但与半年前相比所占比例略有下降，而休闲娱乐已经成为继获取信息之后的第二大主要目的，占34.5%，并且所占比例呈递增趋势。

作为一个开放的全球文化平台，互联网一方面加速了各种文化的相互融合，另一方面也带来了越来越令人担忧的强势文化入侵。当今互联网上90%的信息是英语信息，中文信息仅占1%。语言是一个国家、一个民族的精神根基，它蕴含着一国的历史文化、风俗人情、价值信仰和精神支柱，一旦失去了语言或者失去了对语言的感情，那么一个国家、一个民族的母体就会异化，这将导致整个国家和民族的灾难。语言的霸权常常意味着信息和文化的霸权，这将使得网络文化交流失去平等交互性，变成了单向渗透。

网上消极颓废信息也在大量增加。据统计，网上的无益信息占50%以上，其中网上的黄色网页随时可见，美国有人做了一次较为详细的统计，发现网上共有色情图像450620个。这些都对人们的思想观念造成不小的冲击，引起是非观念模糊、道德意识下降、社会责任感弱化、身心健康受到侵害等一系列问题。曾经风靡一时的"木子美日记"就是一个极端的例子，它反映了网络文化引起的焦躁、压抑和肆无忌惮的自我践踏。在网络这个隐蔽性强的世界里，骂语、恶语、丑语、淫语也纷纷登台亮相，成了网络世界的一道奇观，以致这些不文明现象日益成为一种网络文化。

4. 社会交往角度方面的影响

互联网无疑对于拓展交往领域、扩大交往范围、提高交往效率起到不可替代的推动作用，同时也在改变着整个社会的交往方式。互联网已经成为社会生活中不可分割的重要组成部分，开始有人惊呼："没有了网络，我们该怎么办？"正如威尔曼和海森斯威特在《日常生活中的因特网》所指出的，互联网已经从一个神奇的具有魔力的事物变成了普通人日常生活中的一个部分。同样不可回避的是，互联网也带来了一些负面影响，造成了这样那样的"网络困境"，主要表现在以下几方面：

"视频白痴"。人们摄取信息时越来越依赖于间接的和抽象的符号系统，使他们以一种彻底的外在化、符号化的方式和冷冰冰的操作伦理对待整个人类和真实的社会，人与人的交往比以往任何时候更加困难，并将人际交往中的我—你关系变成我—他的关系。由于具有可视性、亲和感的人际交往机会大大减少，个人也会产生紧张、孤僻、情感缺乏等症状，有些甚至产生人格障碍和人际交往障碍。

道德失范。网络的弱规范性放纵了人性系统当中那些劣因素的萌生和泛滥，行为与责任的截然分离更是起到推波助澜的作用。现代网络日益被网络黑客、网络黄潮、网络蛀虫所困扰，就是道德失范的例证。据调查，有31.4%的青少年并不认为"网上聊天时撒谎是不道德的"，有37.4%的青少年认为"偶尔在网上说说粗话没什么大不了的"，还有24.9%的人认为"在网上做什么都可以毫无顾忌"。

双重人格。在虚拟的ID下，人们可以很随意地对自身本来的社会角色和现实中的形象进行颠覆，选择娱乐、游戏等去释放受压抑的心灵，去补偿在现实社会中所失去的东西。最典型的角色转换就是男女性别互换，还有那些平时懦弱网上勇敢、平时沉默寡言网上滔滔不绝的更是大有人在。

三、互联网进一步发展的超前化和规范化

面对网络时代带来的新的机遇与挑战，当务之急是要建立科学的发展策略和对策，立足当前，着眼长远，趋利避害，抢占先机，充分发挥大国优势、规模优势和后发优势，千方百计攻克技术难关，进一步推动我国互联网加快发展、超前发展、规范发展。

1. 发展网络技术

网络技术是更新速度最快的技术之一，能否掌握网络技术并实现持续创新决定着网络的生存与发展前途。目前，从光纤到 PC 机，从路由器到操作系统，大都是美国造，几乎全世界的网络都在为美国打工，都受制于美国。一旦中美之间发生大的冲突，将使我们陷入极其被动的局面，后果不堪设想。因此，我们必须把网络技术作为科研攻关的重中之重来抓，集中人力、财力做好下一代互联网研发，掌握自主知识产权特别是核心技术。同时，要通过多元化投资打破垄断，以卫星网、移动网、电视网等宽带业务为新方向，大力发展互联网接入基础设施，不断降低上网费用，提高上网速度，早日把互联网铺设到广大的农村和中西部地区，扩大互联网的覆盖面和应用领域。

2. 加强网络立法

法律和制度最具有全局性、根本性、稳定性和长期性。据调查，有76.2%的人同意加强网络法规建设，81.2%的人认为"网络犯罪应该受到惩罚"。目前，世界各国都已经开始网络立法工作。目前，我国互联网络的法规建设还相对滞后，迄今仍无专门的互联网管理法，已制定的有关网络安全的法规条例，多为行政法规和部门法，在实际执行中对于一些网络违法违规行为的处罚缺乏法律依据和可操作性。因此，应加快建立法律规范、行政监督、行业自律、技术保障相结合的管理体制，加快建立互联网管理法律法规体系，加强信息网络方面的执法和司法，积极参与国际信息网络方面规则的制定。对于借助网络造谣、诽谤或者发表、传播其他有害信息，

煽动颠覆国家政权、推翻社会主义制度，或者煽动分裂国家、破坏国家统一的行为和言论，要依法坚决打击。

3. 重塑网络道德

人们在网络上的道德言行主要依靠个人内心信念来维系，而不像在现实社会中，更多的靠社会舆论、传统习惯来维持。网络道德是一种以"慎独"为特征的自律性道德，要求人们在一个"非熟人"的网络道德环境中，在外在的干预、过问、监督和控制较少的情况下，理性地控制自己的行为，遵从道德规范，恪守道德准则。

网络道德主要包括以下几条：善意宽容，友好交流；坚守诚信，不制作和传播虚假信息，不搞欺诈，不造谣、不传讹；有责任意识，对自己的言行、对社会负责；保持理性和健康的心态。每个网民都应从自身做起，从现在做起，从自觉实践网络道德开始，合法、合理地使用网络资源，维护正常的网络运行秩序，促进网络的健康发展，构筑起网络道德的"防火墙"。

4. 维护网络安全

网络安全已经上升到国家安全的高度，贯穿于经济安全、政治安全、社会安全、军事安全各个方面。在网络时代，一个国家、一个城市如果对网络安全稍有疏忽，就可能酿成大祸。基于此，必须把网络安全放在与网络发展同等重要的位置来抓，网络发展每前进一步，都要首先把安全问题考虑进去。当前，关键是要加强对国际互联网接口的管理，屏蔽国外、境外提供危害国家安全、破坏社会稳定以及淫秽色情等有害信息的网站，毫不手软地予以打击。加强对电信运营商、互联网接入服务提供商的管理，要求其承担起检查和监管的责任。加强"防火墙"特别是自主开发的防火墙研究，坚决防止国内外黑客入侵和秘密资料泄露。还要进一步增强每个网民的安全意识，共同监督和防范安全隐患，共同建设安全、有序、文明的网络环境。

总之，网络是一把"双刃剑"，它既可以极大地促进社会的进步，也会造成不容忽视的负面影响。要促进网络发展，更要避免其负面影响的危害，必须抓住先机，趋利避害，引导互联网始终沿着正确的方向健康有序地向前发展，更好地造福人类！

附录8 关于促进互联网金融健康
发展的指导意见

中国人民银行　工业和信息化部　公安部　财政部
工商总局　法制办　银监会　证监会　保监会
国家互联网信息办公室

　　近年来，互联网技术、信息通信技术不断取得突破，推动互联网与金融快速融合，促进了金融创新，提高了金融资源配置效率，但也存在一些问题和风险隐患。为全面贯彻落实党的十八大和十八届二中、三中、四中全会精神，按照党中央、国务院决策部署，遵循"鼓励创新、防范风险、趋利避害、健康发展"的总体要求，从金融业健康发展全局出发，进一步推进金融改革创新和对外开放，促进互联网金融健康发展，经党中央、国务院同意，现提出以下意见。

一、鼓励创新，支持互联网金融稳步发展

　　互联网金融是传统金融机构与互联网企业（以下统称从业机构）利用互联网技术和信息通信技术实现资金融通、支付、投资和信息中介服务的新型金融业务模式。互联网与金融深度融合是大势所趋，将对金融产品、业务、组织和服务等方面产生更加深刻的影响。互联网金融对促进小微企业发展和扩大就业发挥了现有金融机构难以替代的积极作用，为大众创业、万众创新打开了大门。促进互联网金融健康发展，有利于提升金融服务质量和效率，深化金融改革，促进金融创新发展，扩大金融业对内对外开放，构建多层次金融体系。作为新生事物，互联网金融既需要市场驱动，鼓励创新，也需要政策助力，促进发展。

　　（一）积极鼓励互联网金融平台、产品和服务创新，激发市场活力。鼓励银行、证券、保险、基金、信托和消费金融等金融机构依托互联网技术，实现传统金融业务与服务转型升级，积极开发基于互联网技术的新产品和新服务。支持有条件的金融机构建设创新型互联网平台开展网络银行、网

络证券、网络保险、网络基金销售和网络消费金融等业务。支持互联网企业依法合规设立互联网支付机构、网络借贷平台、股权众筹融资平台、网络金融产品销售平台，建立服务实体经济的多层次金融服务体系，更好地满足中小微企业和个人投融资需求，进一步拓展普惠金融的广度和深度。鼓励电子商务企业在符合金融法律法规规定的条件下自建和完善线上金融服务体系，有效拓展电商供应链业务。鼓励从业机构积极开展产品、服务、技术和管理创新，提升从业机构核心竞争力。

（二）鼓励从业机构相互合作，实现优势互补。支持各类金融机构与互联网企业开展合作，建立良好的互联网金融生态环境和产业链。鼓励银行业金融机构开展业务创新，为第三方支付机构和网络贷款平台等提供资金存管、支付清算等配套服务。支持小微金融服务机构与互联网企业开展业务合作，实现商业模式创新。支持证券、基金、信托、消费金融、期货机构与互联网企业开展合作，拓宽金融产品销售渠道，创新财富管理模式。鼓励保险公司与互联网企业合作，提升互联网金融企业风险抵御能力。

（三）拓宽从业机构融资渠道，改善融资环境。支持社会资本发起设立互联网金融产业投资基金，推动从业机构与创业投资机构、产业投资基金深度合作。鼓励符合条件的优质从业机构在主板、创业板等境内资本市场上市融资。鼓励银行业金融机构按照支持小微企业发展的各项金融政策，对处于初创期的从业机构予以支持。针对互联网企业特点，创新金融产品和服务。

（四）坚持简政放权，提供优质服务。各金融监管部门要积极支持金融机构开展互联网金融业务。按照法律法规规定，对符合条件的互联网企业开展相关金融业务实施高效管理。工商行政管理部门要支持互联网企业依法办理工商注册登记。电信主管部门、国家互联网信息管理部门要积极支持互联网金融业务，电信主管部门对互联网金融业务涉及的电信业务进行监管，国家互联网信息管理部门负责对金融信息服务、互联网信息内容等业务进行监管。积极开展互联网金融领域立法研究，适时出台相关管理规章，营造有利于互联网金融发展的良好制度环境。加大对从业机构专利、商标等知识产权的保护力度。鼓励省级人民政府加大对互联网金融的政策支持。支持设立专业化互联网金融研究机构，鼓励建设互联网金融信息交流平台，积极开展互联网金融研究。

（五）落实和完善有关财税政策。按照税收公平原则，对于业务规模较小、处于初创期的从业机构，符合我国现行对中小企业特别是小微企业税收政策条件的，可按规定享受税收优惠政策。结合金融业营业税改征增值税改革，统筹完善互联网金融税收政策。落实从业机构新技术、新产品研发费用税前加计扣除政策。

（六）推动信用基础设施建设，培育互联网金融配套服务体系。支持大数据存储、网络与信息安全维护等技术领域基础设施建设。鼓励从业机构依法建立信用信息共享平台。推动符合条件的相关从业机构接入金融信用信息基础数据库。允许有条件的从业机构依法申请征信业务许可。支持具备资质的信用中介组织开展互联网企业信用评级，增强市场信息透明度。鼓励会计、审计、法律、咨询等中介服务机构为互联网企业提供相关专业服务。

二、分类指导，明确互联网金融监管责任

互联网金融本质仍属于金融，没有改变金融风险隐蔽性、传染性、广泛性和突发性的特点。加强互联网金融监管，是促进互联网金融健康发展的内在要求。同时，互联网金融是新生事物和新兴业态，要制定适度宽松的监管政策，为互联网金融创新留有余地和空间。通过鼓励创新和加强监管相互支撑，促进互联网金融健康发展，更好地服务实体经济。互联网金融监管应遵循"依法监管、适度监管、分类监管、协同监管、创新监管"的原则，科学合理界定各业态的业务边界及准入条件，落实监管责任，明确风险底线，保护合法经营，坚决打击违法和违规行为。

（七）互联网支付。互联网支付是指通过计算机、手机等设备，依托互联网发起支付指令、转移货币资金的服务。互联网支付应始终坚持服务电子商务发展和为社会提供小额、快捷、便民小微支付服务的宗旨。银行业金融机构和第三方支付机构从事互联网支付，应遵守现行法律法规和监管规定。第三方支付机构与其他机构开展合作的，应清晰界定各方的权利义务关系，建立有效的风险隔离机制和客户权益保障机制。要向客户充分披露服务信息，清晰地提示业务风险，不得夸大支付服务中介的性质和职能。互联网支付业务由人民银行负责监管。

（八）网络借贷。网络借贷包括个体网络借贷（即 P2P 网络借贷）和网络小额贷款。个体网络借贷是指个体和个体之间通过互联网平台实现的直

接借贷。在个体网络借贷平台上发生的直接借贷行为属于民间借贷范畴，受合同法、民法通则等法律法规以及最高人民法院相关司法解释规范。个体网络借贷要坚持平台功能，为投资方和融资方提供信息交互、撮合、资信评估等中介服务。个体网络借贷机构要明确信息中介性质，主要为借贷双方的直接借贷提供信息服务，不得提供增信服务，不得非法集资。网络小额贷款是指互联网企业通过其控制的小额贷款公司，利用互联网向客户提供的小额贷款。网络小额贷款应遵守现有小额贷款公司监管规定，发挥网络贷款优势，努力降低客户融资成本。网络借贷业务由银监会负责监管。

（九）股权众筹融资。股权众筹融资主要是指通过互联网形式进行公开小额股权融资的活动。股权众筹融资必须通过股权众筹融资中介机构平台（互联网网站或其他类似的电子媒介）进行。股权众筹融资中介机构可以在符合法律法规规定前提下，对业务模式进行创新探索，发挥股权众筹融资作为多层次资本市场有机组成部分的作用，更好地服务创新创业企业。股权众筹融资方应为小微企业，应通过股权众筹融资中介机构向投资人如实披露企业的商业模式、经营管理、财务、资金使用等关键信息，不得误导或欺诈投资者。投资者应当充分了解股权众筹融资活动风险，具备相应风险承受能力，进行小额投资。股权众筹融资业务由证监会负责监管。

（十）互联网基金销售。基金销售机构与其他机构通过互联网合作销售基金等理财产品的，要切实履行风险披露义务，不得通过违规承诺收益方式吸引客户；基金管理人应当采取有效措施防范资产配置中的期限错配和流动性风险；基金销售机构及其合作机构通过其他活动为投资人提供收益的，应当对收益构成、先决条件、适用情形等进行全面、真实、准确的表述和列示，不得与基金产品收益混同。第三方支付机构在开展基金互联网销售支付服务过程中，应当遵守人民银行、证监会关于客户备付金及基金销售结算资金的相关监管要求。第三方支付机构的客户备付金只能用于办理客户委托的支付业务，不得用于垫付基金和其他理财产品的资金赎回。互联网基金销售业务由证监会负责监管。

（十一）互联网保险。保险公司开展互联网保险业务，应遵循安全性、保密性和稳定性原则，加强风险管理，完善内控系统，确保交易安全、信息安全和资金安全。专业互联网保险公司应当坚持服务互联网经济活动的基本定位，提供有针对性的保险服务。保险公司应建立对所属电子商务公司等非保险类子公司的管理制度，建立必要的防火墙。保险公司通过互联网销售保险产品，不得进行不实陈述、片面或夸大宣传过往业绩、违规承诺收益或者承担损失等误导性描述。互联网保险业务由保监会负责监管。

（十二）互联网信托和互联网消费金融。信托公司、消费金融公司通过互联网开展业务的，要严格遵循监管规定，加强风险管理，确保交易合法合规，并保守客户信息。信托公司通过互联网进行产品销售及开展其他信托业务的，要遵守合格投资者等监管规定，审慎甄别客户身份和评估客户风险承受能力，不能将产品销售给予风险承受能力不相匹配的客户。信托公司与消费金融公司要制定完善产品文件签署制度，保证交易过程合法合规，安全规范。互联网信托业务、互联网消费金融业务由银监会负责监管。

三、健全制度，规范互联网金融市场秩序

发展互联网金融要以市场为导向，遵循服务实体经济、服从宏观调控和维护金融稳定的总体目标，切实保障消费者合法权益，维护公平竞争的市场秩序。要细化管理制度，为互联网金融健康发展营造良好环境。

（十三）互联网行业管理。任何组织和个人开设网站从事互联网金融业务的，除应按规定履行相关金融监管程序外，还应依法向电信主管部门履行网站备案手续，否则不得开展互联网金融业务。工业和信息化部负责对互联网金融业务涉及的电信业务进行监管，国家互联网信息办公室负责对金融信息服务、互联网信息内容等业务进行监管，两部门按职责制定相关监管细则。

（十四）客户资金第三方存管制度。除另有规定外，从业机构应当选择符合条件的银行业金融机构作为资金存管机构，对客户资金进行管理和监督，实现客户资金与从业机构自身资金分账管理。客户资金存管账户应接受独立审计并向客户公开审计结果。人民银行会同金融监管部门按照职责分工实施监管，并制定相关监管细则。

（十五）信息披露、风险提示和合格投资者制度。从业机构应当对客户进行充分的信息披露，及时向投资者公布其经营活动和财务状况的相关信息，以便投资者充分了解从业机构运作状况，促使从业机构稳健经营和控制风险。从业机构应当向各参与方详细说明交易模式、参与方的权利和义务，并进行充分的风险提示。要研究建立互联网金融的合格投资者制度，提升投资者保护水平。有关部门按照职责分工负责监管。

（十六）消费者权益保护。研究制定互联网金融消费者教育规划，及时发布维权提示。加强互联网金融产品合同内容、免责条款规定等与消费者利益相关的信息披露工作，依法监督处理经营者利用合同格式条款侵害消费者合法权益的违法、违规行为。构建在线争议解决、现场接待受理、监管部门受理投诉、第三方调解以及仲裁、诉讼等多元化纠纷解决机制。细化完善互联网金融个人信息保护的原则、标准和操作流程。严禁网络销售金融产品过程中的不实宣传、强制捆绑销售。人民银行、银监会、证监会、保监会会同有关行政执法部门，根据职责分工依法开展互联网金融领域消费者和投资者权益保护工作。

（十七）网络与信息安全。从业机构应当切实提升技术安全水平，妥善保管客户资料和交易信息，不得非法买卖、泄露客户个人信息。人民银行、银监会、证监会、保监会、工业和信息化部、公安部、国家互联网信息办公室分别负责对相关从业机构的网络与信息安全保障进行监管，并制定相关监管细则和技术安全标准。

（十八）反洗钱和防范金融犯罪。从业机构应当采取有效措施识别客户身份，主动监测并报告可疑交易，妥善保存客户资料和交易记录。从业机构有义务按照有关规定，建立健全有关协助查询、冻结的规章制度，协助公安机关和司法机关依法、及时查询、冻结涉案财产，配合公安机关和司法机关做好取证和执行工作。坚决打击涉及非法集资等互联网金融犯罪，防范金融风险，维护金融秩序。金融机构在和互联网企业开展合作、代理时应根据有关法律和规定签订包括反洗钱和防范金融犯罪要求的合作、代理协议，并确保不因合作、代理关系而降低反洗钱和金融犯罪执行标准。人民银行牵头负责对从业机构履行反洗钱义务进行监管，并制定相关监管细则。打击互联网金融犯罪工作由公安部牵头负责。

（十九）加强互联网金融行业自律。充分发挥行业自律机制在规范从业机构市场行为和保护行业合法权益等方面的积极作用。人民银行会同有关部门，组建中国互联网金融协会。协会要按业务类型，制订经营管理规则和行业标准，推动机构之间的业务交流和信息共享。协会要明确自律惩戒机制，提高行业规则和标准的约束力。强化守法、诚信、自律意识，树立从业机构服务经济社会发展的正面形象，营造诚信规范发展的良好氛围。

（二十）监管协调与数据统计监测。各监管部门要相互协作、形成合力，充分发挥金融监管协调部际联席会议制度的作用。人民银行、银监会、证监会、保监会应当密切关注互联网金融业务发展及相关风险，对监管政策进行跟踪评估，适时提出调整建议，不断总结监管经验。财政部负责互联网金融从业机构财务监管政策。人民银行会同有关部门，负责建立和完善互联网金融数据统计监测体系，相关部门按照监管职责分工负责相关互联网金融数据统计和监测工作，并实现统计数据和信息共享。

参考文献

Akerlof G. ，"The Market for Lemons: Quality Uncertainty and the Market Mechanism"，Quarterly Journal of Economics，Volume 84，1970 .

Allen Franklin ，James McAndrews，Philip Strahan，"E – Finance: An Introduction"，Journal of Financial Services Research，Volume 22，2002.

Barney J. B. ，"Looking Inside For Competitive Advantage"，Academy of Management Executive，Volume 9，1995.

Barney T. B. ，"Firm Resources and Sustained Competitive Advantage"，Journal of Management，Volume 17，1991.

Berger D. ，M. Udell，"Small Business Credit Availability and Relationship Lending: The Importance of Bank Organizational Structure"，Economic Journal，Volume 112，2002.

Boot A. W. ，S. Greenbaum，A. V. Thakor，"Reputation and Discretion in Financial Contracting"，American Economic Review，Volume 83，1993.

Chant J. ，"The New Theory of Financial Intermediation"，The Macmillan Press，1989.

Diamond D. ，"Liquidity Risk，Liquidity Creation and Financial Fragility: A Theory of Banking"，Journal of Political Economy，Volume 4，2001.

Hart O. ，"Forms，Contracts and Financial Structure"，Oxford: Oxford University Press，1995.

Leonard B. D. ，"Core Capabilities and Core Rigidities: A Paradox in Managing New Product Development"，Strategic Management Journal，Volume 13，1992.

Merton R. ，"A Functional Perspective of Financial Intermediation"，Financial Management，Volume 24，1995.

Merton R. C., Z. Bodie, "Deposit Insurance Reform: A Functional Approach", Public Policy, Volume 38, 1993.

Peteraf M., "The Cornerstones of Competitive Advantage: A Resource – based View", Strategic Management Journal, Volume 14, 1993.

Prahalad C. K., G. Hamel, "The Core Competence of the Corporation", Harvard Business Review, Volume 66, 1990.

Robert S., "Using the Balanced Scorecard as a Strategic Management System", Harvard Business Review, Volume 79, 1996.

Teece D., "Competition, Cooperation, and Innovation", Journal of Economic Behavior and Organization, Volume 18, 1992.

Viktor M., C. Kenneth, "Big Data: A Revolution That Will Transform How We Live, Work and Think", Hodder & Stoughton Press, 2013.

中国人民银行:《中国人民银行 2012 年报》, 2013 年。

中国人民银行:《2013 年第二季度中国货币政策执行报告》, 2013 年。

中国人民银行:《中国金融稳定报告 (2014)》, 2014 年。

周小川:《践行党的群众路线　推进包容性金融发展》,《求是》2013 年第 18 期。

周小川:《鼓励互联网金融》, 人民网, 2014 年 3 月 5 日。

尚福林:《规范互联网金融有利于其健康发展》, 人民网强国论坛, http://www. people. com. cn/n/2014/0307/c3230624567769. html, 2014 年 3 月 7 日。

项俊波:《互联网金融创新是好事, 不可阻挡》, 中国经济网, 2013 年 9 月 24 日。

项俊波:《互联网正在改变着保险市场竞争格局》,《金融时报》, 2014 年 1 月 22 日。

李扬:《互联网金融发展需要更好监管》, 新浪财经, http://finance. sina. com. cn/money/future/fmnews/20140917/114020317125. shtml, 2014 年 9 月 17 日。

李扬:《支付清算体系将成金融现代化主动脉》,《经济参考报》, 2014 年 4 月 30 日。

刘士余:《秉承包容与创新的理念, 正确处理互联网金融发展与监管的关系》,《清华金融评论》, 2014 年 4 月 29 日。

刘士余:《当金融遇到互联网》, 财经国家新闻网, 2013 年 8 月 2 日。

易纲：《互联网金融要平等竞争　发展过程中要容忍》，财新网，http：//
　　bank. jrj. com. cn/2014/03/22211516911383. shtml，2014 年 3 月 22 日。

阎庆民：《国务院关注互联网金融监管》，人民网，2014 年 4 月 9 日。

周延礼：《正在抓紧起草网络保险监管办法》，新华网，2014 年 1 月 17 日。

姜建清：《互联网金融时代银行不会变成 21 世纪的恐龙》，凤凰财经，2013
　　年 8 月 30 日。

王洪章：《银行业遭遇经济冷考验，建行盈利模式加速转型》，中国建设银
　　行网站，2013 年 7 月 15 日。

牛锡明：《互联网金融给未来银行业的机遇》，《中国产业》2013 年第 3 期。

杨凯生：《关于互联网金融的几点看法》，《第一财经日报》，2013 年 10 月
　　10 日。

易会满：《互联网金融与商业银行创新策略》，《金融电子化》2013 年第
　　12 期。

张建国：《互联网金融推高融资成本》，中国经济网，2014 年 4 月 9 日。

董文标：《互联网金融与银行要虚实结合》，《互联网金融》2014 年第 7 期。

马蔚华：《互联网金融颠覆不了商业银行》，中国网，2014 年 6 月 6 日。

马化腾：《互联网金融对传统金融业是一种颠覆》，凤凰财经，2014 年 3 月 5 日。

张红力：《尽早把互联网金融纳入监管》，新浪财经，http：//finance. sina.
　　com. cn/money/bank/dsfzf/20130905/152316675865. shtml，2013 年 9 月 5 日。

余晓晖：《互联网或拉平"微笑曲线"》，《中国经济和信息化》，http：//
　　tech. hexun. com/2014 – 10 – 27/169728064. html，2014 年 10 月 27 日。

马明哲：《卡位互联网金融》，《商界》2014 年第 3 期。

马云：《互联网的经营理念》，新华网，2008 年 6 月 5 日。

马云：《互联网金融来了》，人民网，2013 年 3 月 8 日。

马云：《金融行业需要搅局者》，《人民日报》，2013 年 6 月 21 日。

刘强东：《互联网金融服务屌丝人群，不会革银行的命》，中国电子银行网，
　　2014 年 4 月 16 日。

万建华：《金融 e 时代》，中信出版社 2013 年版。

彭蕾：《互联网金融的本质与平台构建》，《中国金融四十人论坛月报》2014
　　年第 2 期。

姚乃胜：《互联网金融欠缺的是模型背后的数据》，零壹财经，2014 年 6 月
　　20 日。

杨再平：《互联网金融之我见》，《证券时报》，2013年10月16日。

谢平、邹传伟、刘海二：《互联网金融模式研究》（中国金融四十人论坛课题报告），《新金融评论》2012年第1期。

谢平、邹传伟、刘海二：《互联网金融手册》，中国人民大学出版社2014年版。

穆怀朋：《互联网金融脱离传统金融就坏了》，财经网，2013年12月20日。

穆怀朋：《风险控制是互联网金融的立身之本》，凤凰财经，2013年12月26日。

成思危：《对金融创新不要一出来就否定》，《经济参考报》，2014年7月17日。

吴敬琏：《中国经济转型与改革》，《苏州日报》，2014年5月18日。

吴晓灵：《互联网金融目前有四种形态》，财经网，2013年9月27日。

吴晓灵：《互联网金融不足以撼动金融业根基》，凤凰财经，2014年4月4日。

林毅夫：《互联网金融不是GDP增长的万能药》，人民网，2014年4月8日。

王国刚：《从互联网金融看我国金融体系改革新趋势》，《红旗文稿》2014年第8期。

张承惠：《中国互联网金融的现在与未来》，《人民论坛·学术前沿》2014年第12期。

范文仲等：《互联网金融理论、实践与监管》，中国金融出版社2014年版。

殷剑锋：《互联网金融的神话与现实》，《上海证券报》，2014年4月22日。

胡滨、郑联盛：《互联网金融不是颠覆者》，《上海证券报》，2014年7月3日。

樊纲：《互联网金融有前途有风险》，中新网，2014年1月10日。

曹凤岐：《我国互联网金融的发展改变了金融生态》，新华网，2014年7月23日。

陈东升：《互联网金融降低成本，廉价保险普惠金融成为现实》，新华网，2014年7月11日。

陈志武：《互联网金融到底有多新》，《新金融》2014年第4期。

黄志凌：《经济需求决定互联网金融发展方向》，人民网，2014年6月20日。

李稻葵：《传统体制应拥抱互联网金融》，《中国证券报》，2014 年 5 月
15 日。

吴晓求：《中国金融的深度变革与互联网金融》，《财贸经济》2014 年第
1 期。

许小年：《我对当前政策的三点分析》，《上海经济》2014 年第 6 期。

金碚：《中国工业国际竞争力——理论、方法与实证研究》，经济管理出版
社 1997 年版。

倪鹏飞：《中国城市竞争力与基础设施关系研究》，《中国工业经济》2002
年第 5 期。

王曙光、张春霞：《互联网金融发展的中国模式与金融创新》，《长白学刊》
2014 年第 1 期。

郑新林：《互联网金融离开传统银行是无根之木》，新浪财经，2014 年 6 月
25 日。

李仁杰：《学习互联网金融创新模式，加强互联网金融监管》，《中国金融四
十人论坛月报》2014 年第 4 期。

工业和信息化部电信研究院：《大数据白皮书（2014 年）》，2014 年。

林毅夫、潘士元：《信息不对称、逆向选择与经济发展》，《世界经济》2006
年第 1 期。

高红阳：《不对称信息经济学研究现状述评》，《当代经济研究》2005 年第
10 期。

工业和信息化部电信研究院：《云计算白皮书（2014 年）》，2014 年。

中国信息通信研究院、中国互联网协会互联网金融工作委员会：《中国互联
网金融发展白皮书（2015 年）》，2015 年。

杨涛、程炼：《互联网金融理论与实践》，经济管理出版社 2015 年版。

黄震、邓建鹏：《论道互联网金融》，机械工业出版社 2014 年版。

黄震、邓建鹏：《做让用户尖叫的产品——互联网金融创新案例经典》，中
国经济出版社 2014 年版。

盛佳、汤浔芳等：《互联网金融第三浪——众筹崛起》，中国铁道出版社
2014 年版。

罗明雄、唐颖等：《互联网金融》，中国财政经济出版社 2013 年版。

芮晓武、刘烈宏：《中国互联网金融发展报告（2014）》，社会科学文献出版
社 2014 年版。

索　引